上海高等教育文库·领导篇

我们曾经一起走过

记我在上戏工作时期的两件事

贺寿昌　著

上海交通大学出版社
SHANGHAI JIAO TONG UNIVERSITY PRESS

内容提要

本书叙述了作者2003—2008年在上海戏剧学院（以下简称"上戏"）担任党委书记时期，所做的两件大事：一是2002年上戏在上戏戏曲学院、上戏舞蹈学院挂牌成立的基础上，具体实施了"三校合并"的计划；二是追忆作者在上戏工作期间，与上戏和社会方方面面一起，推进上海创意产业进入"预热期"的情况。以上两件事分别编为"上篇"和"下篇"。

图书在版编目（CIP）数据

我们曾经一起走过：记我在上戏工作时期的两件事/
贺寿昌著. —上海：上海交通大学出版社，2024.7
ISBN 978 - 7 - 313 - 31016 - 3

Ⅰ. G127.51

中国国家版本馆 CIP 数据核字第 20242K6F70 号

我们曾经一起走过——记我在上戏工作时期的两件事
WOMEN CENGJING YIQI ZOUGUO——JI WOZAI SHANGXI GONGZUO SHIQI
DE LIANGJIANSHI

著　　者：贺寿昌
出版发行：上海交通大学出版社　　　　地　　址：上海市番禺路 951 号
邮政编码：200030　　　　　　　　　　电　　话：021 - 64071208
印　　制：上海新华印刷有限公司　　　经　　销：全国新华书店
开　　本：710mm×1000mm　1/16　　印　　张：14
字　　数：199 千字　　　　　　　　　插　　页：10
版　　次：2024 年 7 月第 1 版　　　　印　　次：2024 年 7 月第 1 次印刷
书　　号：ISBN 978 - 7 - 313 - 31016 - 3
定　　价：98.00 元

上海高等教育文库编委会

永远的功绩

——《上海高等教育文库》总序

教育犹如奔腾的长河，前浪不止见后浪，奔腾向前；教育犹如无际的大海，宽阔无垠而深邃，厚积薄发；教育又如连绵的山脉，高峰之外是峻岭，层层攀升……上海的高等教育承先人之传，又在近百年间发展、提升。如今，一个崭新的、前所未有的新局面已呈现在我们的眼前。

老一辈人都知道，以前上海能进入高等学府深造的人，堪称凤毛麟角。而到了 2005 年上海已拥有 63 所普通高等院校，52 万青年才俊借此深造成才；以前我国自行培养的研究生寥若晨星，如今上海在校研究生已超过 8 万人；以前上海企事业单位中高中毕业生是少之又少，如今在各行各业，学士、硕士、博士毕业生挑起了上海飞速发展的重担……

30 年不过弹指一挥间，其间有难以计数的家庭因为教育而改变了命运；有难以计数的学生得以在知识的宫殿里增知成才；又有难以计数的青年学人引领着时代的创新潮流……上海的高等教育撑起了一方发展的万年基石，莘莘学子以骄人的业绩开辟了一个又一个崭新天地。因为高等教育，上海变得更强了。在这辉煌的 30 年中，各界志士仁人、万千辛勤园丁思考、探索、创新、追求、奉献，付出了许多许多。

为了总结 30 年来上海高等教育改革发展所取得的丰功伟业，为了讴歌广大教育工作者辛勤耕耘、开拓进取和无私奉献的精神，上海高等教育学会在各级领导的关心、支持下，集结业内有识之士编辑了《上海高等教育文库》。本文库分成两大部分：一是《上海高等教育文库·改革发展篇》，二是《上海高等教育文库·领导篇》。

在《上海高等教育文库·改革发展篇》中，我们记录了上海高等教育在办学体制改革、管理体制改革、经费投入体制改革、招生和就业制度改革、内部管理体制改革，以及高校后勤社会化改革等方面勇于探索，善于创新，坚持发展的历程。这里虽然谈不上枪林弹雨、隆隆炮声，却也有惊心动魄、战旗猎猎。正是不断的改革与创新，把"不可能"变成了现实，上海高等教育才攀上了新的高峰；正是不断的改革和创新，上海的济济人才才得以显山露水开始新的人生。

《上海高等教育文库·领导篇》，则展示了一大批高校原书记、校长的风采。这批改革开放的时代弄潮儿，曾站在高校改革、开放的风口浪尖上，不畏困难，勇于改革，坚持创新，在艰难中改天换地；他们从小学到大学不断成长，并从一名普通青年教师到大学领路人的历程也耐人寻味；他们都曾备尝常人难以理解的磨难，他们也尽情享受过成功的喜悦。他们以自己深邃的思想、渊博的学识、高尚的情操和作为一个团队领军人物的气度、风范，写就了一段美丽的人生！

虽然一部《上海高等教育文库》难以书尽改革开放 30 年来上海高等教育改革的全部，纵然穷尽浓墨重彩也难以涵盖 30 年来上海高等教育改革之精华，我们依然愿意作出这挂一漏万的努力，用图书的形式保留住上海高等教育的传家之宝，为的是让当事人记下这段历史，让后来者铭记这段历史。

愿《上海高等教育文库》年年添新作，愿上海高等教育之树常青！怀着敬慕和激动之心，写此以为总序。

上海市高等教育学会会长

张伟江

2008 年 8 月 8 日

前　言

　　这本书的写作实在拖得太久了，感谢张红老师和上海交通大学出版社张呈瑞编辑的宽容，居然容忍让一本薄薄的书连续拖了三年。这里当然有疫情和我手头其他工作的拖累，但我还是要感谢上海市教委老领导张伟江主任和杨德广主任，他们对在高校战线上担任过领导工作的一代老同志总是关怀倍加，提出了这套丛书的写作项目，并得到了市教委领导的支持，让我们这批人能有机会打开自己的心扉，把要说的话记录下来。随着这套丛书一本本的问世，一个个鲜活的人物和故事显现和留存下来。

　　2003 年，正值上海戏剧学院（以下简称"上戏"）前任领导班子完成了市政府交办的任务，上戏戏曲学院、上戏舞蹈学院挂牌建立，同时将上海市戏曲学校、上海市舞蹈学校、上海师范大学表演艺术学院与上戏进行了合并。当年夏天我接任戴平同志担任学院党委书记。2003 年至 2008 年，一干就是五年。这五年发生了很多事，由于离任上戏以后我又从事了上海文化创意产业、设计之都等开创性的工作，头绪繁多地组织推进工作，确实无暇去回顾上戏发生的故事。一直到拿起笔来写这本书中的文案时，一件件那个时期的往事也逐渐鲜活起来，涌入脑海。其中许多可敬的老师和老同志已经离开了我们，当年日夜奋斗的同事们也增添了满头白发，大部分已退休。一批批年轻的同志走上了教学和领导岗位，上戏依然是风华正茂、人才辈出。记得我们曾经隆重地庆祝上戏成立六十周年，时任上海市副市长严隽琪同志参加了庆祝大会，代表市委、市政府发表了热情洋溢的讲话。上戏的全校师生满怀激情地喊出"今天我为上戏骄傲，明天上戏为我自豪"。时间如飞梭，2025 年上戏将迎来她的八十周年生日，历史的车轮，总是滚滚向前。

在构思这本书的时候，我和出版社的编辑商量，能否不要在描写我个人工作感受上花精力，用有限的篇幅着力去描述那个五年上戏发生的两件大事：一是"三校合并"的具体实施（实际是四所学校，俗称"三校合并"），二是上戏在推进上海创意产业发展的初期所涉及的前期各项工作。以上两项工作，有文案，有记录，写下这段历史的追忆，对于上戏甚至上海文化创意产业的发展文脉，可能更有阅读和参考的意义。这个想法得到了市教科院和出版社的认同，因此这本书成了记事，通过以上两大事件的追述，记录了那个时期上海市委、市政府、市教委、市委宣传部为推进上海文化建设和高等艺术人才培养制定的战略和所采取的举措，梳理出上海文化创意产业在预热期的源脉。更重要的是通过这本书，反映出上戏全体教职员工当年的工作状况和精神风貌。把这些人和事以这样的角度记录下来，更加可以表达我对上戏的怀念，对上戏全体教职员工的怀念，这也是对培养我的母校的一种感恩和回报。几十年来，我历经了不同的工作岗位，总是能够幸运地结识一批又一批具有共同理想、在一起共同战斗的同事和朋友们，"君子之交淡如水"，平时，我们各忙各的，联系很少。在这本书写作之前，请允许我在这里记录下在上戏五年共同工作的党政班子的成员：荣广润、葛朗、楼巍、韩生、孙福良、孙惠柱、刘志刚。诚心希望这本书也能够唤起他们和上戏的教职员工对我在上戏 2003 年到 2008 年工作时结下的友谊和那些令人心情激荡的日日夜夜的珍贵回忆。同时，也向上戏在那个五年中担任学校党政各级干部的同志和全体教师致敬，感谢你们的付出，昨日的辛勤耕种，换来的是今日的莺歌燕舞、累累硕果。

目　录

下篇　上海文化创意产业的预热期

上
篇

文教结合工程

第一章

构建三校合并的新格局

随着改革开放的不断深入，上海发生了翻天覆地的变化，城市的经济和建设都有长足的发展。在这样的大好形势下，上海的文化事业也收获了丰硕的成果。东方明珠、大剧院、图书馆等一系列标志性的文化设施崛起，上海文化硬件环境带动了上海艺术团体的变革。上海出台了"九五"文化发展规划、"十五"发展规划、"十一五"发展规划，经过一系列改革，上海的文化建设有了明确的发展战略，把上海建成国际文化大都市成为上海城市建设的主打目标。上海国际文化交流活动日益频繁，上海逐渐成为全国的文化交流中心。

在这样的大好形势下，出人、出戏也成为上海文化发展的一项重要而又关键的任务。也就是说，上海不仅要有一流的硬件，也需要有一流的软件、一流的人才、一流的作品、一流的艺术教育。这些都是文化大都市建设的重要标准，是上海对标世界国际大都市的重要依据。

第一节　新岗位，新任务

2003 年，我在上海市信息化办公室担任执行副主任。记得 6 月一个风和日丽的中午，我接到市委组织部的来电，说时任市委副书记、组织部部长王安顺同志要找我。我驱车去了位于高安路的市委组织部，走进王安顺部长的办公室，他亲切地示意我坐下并告诉我说："寿昌同志，你的工作可能会有适当的调动，市委决定让你担任上戏的党委书记。因为你曾经在上戏学习毕业，之后又在上海文化系统担任过领导职务，经历过多个行业行政管理，组织希望你到上戏去发挥作用。"

接着安顺部长就详细地介绍了组织决定的背景：市委、市政府十分重视文化艺术人才的培养，上戏已由原来文化部主管改为由文化部和上海市合作共建，也就是经文化部同意，上戏由文化部和上海市政府共管共建，具体归属上海市教委领导，同时在业务上也服从于文化部和市委宣传部的指导。2002 年 4 月，市政府发文决定将上海市戏曲学校、上海市舞蹈学校，上海师范大学表演艺术学院并入上戏，保留上海市戏剧学校、上海市舞蹈学校的建制。这就是以后俗称的"三校合并"，已经挂牌建立了上戏戏曲学院、上戏舞蹈学院。上戏就此囊括了戏剧教育、戏曲教育和舞蹈教育专业，成为一个综合性的艺术人才培养的高等学府。考虑到现任的上戏党委书记戴平同志已经到龄。他说："三校合并的具体实施工作是一个比较具体而繁重的任务，组织上经过慎重的研究，感觉你去接任党委书记的职务比较合适，希望你到位以后，依靠全校师生，按照市委、市政府的部署贯彻执行，做好三所学校合并以后的办学定位，完成为上海以及全国培养优秀艺术人才的任务。"尽管我对新的岗位任命没有思想准备，但是作为一个长期接受党培养教育的干部，我还是表示了服从组织安排的意愿。之后的五年，我就在上戏进行了新的转岗实践。

三校合并的实施是相当艰巨的任务，把戏剧、戏曲和舞蹈专业教学进行结构性的融合，这在全国甚至是国际上的艺术院校尚属首次，没有现实案例可遵循。要完成这样一个任务，首先面临的任务是学习。这三所学校都是我国具有标志性的培养艺术专业人才的著名院校，人才辈出，桃李满天下。从 6 月至 8 月整整两个月的时间，我认真学习了这三所学校厚重而光荣的历史。这三所学校有着优秀的教师队伍、重要的代表人物，人才济济，尤其是熊佛西、俞振飞、上海舞蹈学校的首任校长李慕林。

通过以熊佛西为代表的老一辈戏剧艺术教育家的辛勤耕耘，使上戏从无到有、从小到大。上戏前身是上海市立实验戏剧学校，1945年12月1日由著名戏剧家李健吾、黄佐临、顾毓琇、顾仲彝等创立。1949年更名为上海市立戏剧专科学校。1953年，山东大学艺术系戏剧科、上海行知艺术学校戏剧组并入，组建了中央戏剧学院华东分院。1956年正式更名为上戏，隶属国家文化部，成为国家重点艺术院校，熊佛西担任首任院长。熊老一代人建立了以斯坦尼拉夫斯基现实主义表演理论为基础的教学体系。他为学校发展呕心沥血的一生，是上戏人艰苦卓绝、在中国开创艺术教育新局面的象征。为了纪念熊老对于上戏和中国戏剧事业做出的贡献，同时也是为了挖掘学校办学的传统资源，上戏在60周年校庆时建立了"熊佛西纪念馆"。学校曾为国家培养了近万名艺术专门人才和文化管理人才，其中有相当一部分成为中国乃至国际具有影响力的戏剧、影视、美术领域的名家和高素质专业人才，涌现出一大批中国文学艺术最高荣誉的获得者，荣获众多大奖，如"五个一工程"奖、文华奖、金鸡奖、百花奖、华表奖、飞天奖、金鹰奖、金话筒奖、金狮奖、白玉兰奖、荷花奖等，在国内外享有广泛的声誉与影响力。成功地创作了轰动全国的《年青的一代》、培养了第一位"百花奖"演员和经过专业训练的第一代西藏少数民族表演班学员，上戏成了中国培养演艺专门人才的著名高等艺术院校。这所特色鲜明、能量巨大的高等艺术院校，创造了许多骄人的辉煌。上戏的成长凝结了一代又一代上戏人的辛勤劳作和耕耘，每一代上戏人为了心中的理想和艺术的事业，学成于这片土地，奉献于这片土地。

上海市戏曲学校，成立于1954年3月，首任校长为著名戏曲艺术教育家、昆曲艺术家俞振飞。在俞老和老一辈戏曲艺术家的悉心耕耘下，戏校成为一所满载着光辉历史的以培养戏曲表演人才为主的多剧种、多学科的国家级重点学校。1956 年在建校之初的昆、越两班基础上增设了京剧、沪剧、淮剧、评弹、戏曲音乐等五个专业，充分展示新中国戏曲艺术人才培养的丰硕成果。2005 年戏校被文化部、财政部授予"昆曲表演人才培训中心"，被确定为"上海首批传统戏剧综合类非物质文化遗产传承基地"；率先在全国领先实施"中本贯通"京剧表演人才培养模式。戏校师资力量雄厚，学校先后开设京剧、昆剧、越剧、沪剧、淮剧、评弹、滑稽、木偶、儿童剧，实现了上海各戏曲剧种人才培养的全面覆盖，成为国内综合实力一流的文化艺术传承学校。

上海市舞蹈学校是 1960 年在周恩来总理及上海市委等领导的关心支持下初创建校，首任校长李慕林。我在上戏舞美系毕业后，还曾被借到舞校工作多年，和老校长以及该校的教职员工结下了深厚的友谊。建校 60 年来，舞校被教育部列为"国家级重点中等职业学校"，拥有国内一流的师资队伍，设有芭蕾舞、中国舞、国标舞、民族舞和现代舞五个专业方向，芭蕾舞和中国舞为全国舞蹈教学骨干示范学科。学校培养造就了一大批教育名师、舞蹈编导、艺术管理人才和国内外知名舞蹈表演艺术家，被誉为"舞蹈家的摇篮"，100 余个舞蹈作品相继荣获国内、国际专业大赛各类奖项；历届学生在国内以及国际举办的各类专业舞蹈大赛中屡获殊荣，桃李满园，硕果累累，也为增进我国和世界各国人民之间的友谊做出了特殊的贡献。

重温这三所学校的光荣建校史，我感受到了新的工作岗位使命光荣。这三所艺术院校的建校史体现了新中国成立以后党和国家对文化事业、艺术人才教培工作的高度重视，为国家文化艺术的教育事业打下了坚实的基础。紧跟时代的步伐，上海市委和市政府牢牢把握住继承和发展中国文化传统的根和脉，并不断地引进和吸收外来文化的艺术表现样式，使之中西结合、洋为中用，进而满足了人民不断增加的精神文化需求。这三所院校在几十年办校的时间中，都坚持了正确的办学方向，形成了各自完整的教学体系，建立了精良的教师队伍，积累了可贵的教学资源，形成了具有中国特色、上海特点的艺术学院教育体系。同时，把艺德教育始终放在第一位，教师传帮带，教师对学生的教育讲人品讲修养，坚持"学艺先学做人"的座右铭。三校合并，首先是要继承这三所院校业已形成的宝贵财富，保持和保护好各自优秀的教育特色和资源。三校的师资队伍和教职员工是我要紧紧依靠的对象，老一辈艺术教育家和历届院校的党政领导的优良作风、无私奉献的工作精神是我要继承和学习的榜样。同时为文艺事业的发展提供合格的后备人才是我新的工作岗位的根本任务。

我到岗不久，在市委直接指导下，市委宣传部牵头实施"文教结合工程"。这项工程，旨在加强文艺院团的人才队伍，人才是艺术生产的核心资源，牵住人才是艺术事业发展的牛鼻子，抓住了文化艺术事业发展的关键环节。上戏一贯被称为"艺术家的摇篮"，在这样的形势要求下，上戏三校合并的任务在"文教结合工程"中担任的重要角色可见一斑。

这项工作始终得到了市委、市政府领导的高度重视。时任市委副书记殷一璀，市委宣传部部长王仲伟，市政府副市长严隽琪、沈晓明，市教委李宣海书记，主任张伟江、薛明扬、翁铁慧等领导，以及国家文化部、工信部等有关方面的领导多次莅临学校，给予具体的工作指导，协调方方面面。市教委等部门和相关市政府部门领导，积极帮助解决建校中的问题。可以说领导的重视、国家和主管部门的指导和关心赋予了三校合并的动能，使努力完成全市文教结合工程、担当好上戏"角色"，明确了具体的任务，得到了有力保障。

归纳各级领导对于上戏工作的指导意见，可分为以下几个重点方面。

（1）人才是发展的关键。各文艺院团以精品战略为抓手，努力构筑上海文艺人才高地。上海文艺人才主要靠自己培养，院团出戏、学院出人，出不了人就出不了戏。要从建设社会主义先进文化的高度，加快文化艺术人才培养，努力把上海建成我国艺术人才教育培养的重镇。国家和上海市党政领导非常重视上戏在国家和地方文化发展战略中的地位和作用。抓文艺发展根本就是抓人，只要有了人才，一台戏、一个剧种、一个单位、一个行业就出来了。上海有著名的文艺表演艺术家，他们的事业要有更出色的人接上。要有尖子人才，看戏就是看角儿，上戏要承担这样的责任，艺术教育的各个环节都要围着"出人"转，主要任务是要培养提升高素质的艺术人才的能力。

（2）上戏要建设"五个一流"，即一流的学科、一流的师资队伍、一流的毕业生、一流的创作、一流的学校，要成为"两个基地"，即人才培养基地、艺术创作基地。文化人才培养是上海文化建设事业发展的瓶颈，这也是为全国服务的途径，要在源头上解决这个问题。

（3）人才的培养是有一个"链"的，这个"链"，既有纵向，也有横向。纵向包括中专、大专、本科的教学内容；横向是学生在校培养期间以及走出学校以后，和用人单位、院团的关系。学校自身要提高教学质量，发现培养尖子人才是重中之重。生源的途径要打开，上海要抢到好苗子，培养模式要创新，要两条腿走路，让学生多一些实践的机会。可以在学习期间先进院团，一边在舞台上演出，一边攻读学位。文艺院团、上影厂以及文广集团要作为上戏的实习基地，人才可以先进院团，再解决学历问题，走出一条宣传部和学校合作的道路。

（4）关键是提高教师队伍的质量，要打开校门去找教师，可以专职和兼职相结合。聘艺术家来当教师，芭蕾舞教师到国外著名芭蕾舞院团去找，要通过院团和学校共同吸引人才，既可以在院团工作，又可以在学校兼职当教授。下大力气提高培养质量，尤其是拔尖人才的培养质量，量身定做，缺什么补什么。

（5）艺术学校的培养是有规律的，本科学生已经到了上舞台的年龄段，要加强教学实践，通过相关的院团、青年剧团，让他们保留学籍边上舞台边学习，各类得大奖的学生人才，让他们多演，不要文凭拿到了，演不动了。大中专教学在招生、教学和管理上有区别，但内部一定要打通，教学资源尽可能一体化。现在舞校和戏校两个中专的名气都非常响，要把舞蹈学院、戏曲学院在全国的影响力打出来。

为了贯彻落实领导的指示精神，全市各个相关部门为上戏的工作提供了最大的支持。比如说在办学方向、学科建设方面，市教委和市委宣传部给予了宝贵的教学资源和优惠政策；在教学设施和剧场建设方面，市发展和改革委给予了项目的审批和资金支持；在学科建设方面，得到了教育部和市教委的指导和特殊批准；在加强师资建设和对外合作方面，得到了国家专家局、市文广局、市外办、市友协的大力支持；在信息技术与文教相结合方面，也得到了国家信息化专家委、市科委的技术支撑；在戏剧大道的建设方面得到了市委宣传部、市规划局、市发展和改革委，包括静安区和上海各相关院团的合作和参与。

当时的市政协主席蒋以任、市人大常委会副主任胡炜、杨定华等领导多次到学校视察，帮助协调相关方面的问题。可以这么说，为了实施文教结合工程，把"三校合并"的任务落到实处，上海各个方面在市委的领导下，出现了全力以赴集聚资源、形成合力支持上戏建设发展的大好局面，这也成为激励全校师生抓住机遇努力工作的动力。"共建""合作""支持"成为围绕着上戏人才培养和艺术教学开展的热门词。我对所有领导和支持关心过上戏工作的领导和相关工作部门工作的同志始终抱着感激之情，对他们为上戏所做出的贡献铭记在心、不能忘怀。

第二节 新格局，新使命

一、继承和发展大戏剧观

三所学校合并的具体实施，还是要靠上戏党政班子、全体干部和师生员工脚踏实地地干出来，统一办校理念、明确办学方向、建立科学的教育学科是三大基础性任务。其中统一办校理念，是三校合并的思想认知基础。这三所学校最大的共同点是与时俱进地用"大戏剧观"来指导各自的艺术教育、培养艺术人才的教学理念，使人才在毕业后就能为社会所用，在舞台上担当角色，演好剧目，得到观众的认可，进而成为名角名家。因此继承好这一办校理念，是工作的前提。"大戏剧观"是上戏的首任院长熊佛西先生一贯倡导的，是艺术门类和戏剧教育的价值观。在熊佛西年代，大戏剧观重点倡导戏剧要反映人民性，戏剧向民众民间开放，两条腿走路。在这个观念的引领下，上戏一代又一代的领导和教师在继承中坚持探索发展创新，到了改革开放的时代，如何继续继承"大戏剧观"，我们进行了思考，结合几十年的办学经验，把它归纳为四个方面加强认识。

一是认识大戏剧观必须适应时代和文化发展的需要，在教学方面要探索"教学、创作、实践"的教育方针，有利于出人出戏，为文艺事业培养人才。"上戏""舞校""戏校"这三所学校辉煌成就的取得，也都得益于大戏剧观的认知，上戏有了《年轻的一代》，戏校有了《杨门女将》，舞校有了《白毛女》，三个戏提升了三所学校的知名度，成为经久不衰的艺术经典作品，也推动三校培养出一代又一代的领军人物和著名艺术家。

二是认识建立完整的学科链的重要性，以符合艺术创作全过程的人才培养的规律。完整的学科链教育需维系完整的"一度""二度""三度"艺术教育的内容。"一度"指编剧、绘画、舞美设计类专业，"二度"指导演类专业，"三度"指表演和舞美具体技术类行当专业。以上艺术教育学科链的设置，也为戏剧、舞蹈、戏曲的创作演出形成完整的艺术门类人才培养提供了保障。恰恰在这一点上，三校合并是能综合利用教学要素资源和学科建设条件的。

三是认识大戏剧观有利于文艺创新意识。要不断提升敢为人先、坚持探索的艺术境界，要有创新表现和融会贯通的能力，敢于"博古通今""拿来主义"，使艺术表演既体现专业性，又体现融合性，既具有现实性，又具有表现性和再现性。敢于从生活出发，突破传统艺术教育的外延，创新艺术教育专业的教学方法。

通过贯彻"教学—创作—实践"三结合的教育方针，既能出名牌学科、发展艺术教育事业，又能出名牌人才、名牌剧目，还孵化了名牌院团。历史上上海昆剧团、上海芭蕾舞团、上海青年话剧团、上海青年歌舞团的建立，都是整建制地从一届艺术生培养到一个名剧的创作演出中诞生的。因此"大戏剧观"要指导戏剧戏曲的教育理论和文艺教育专业思想，将艺术教育置于社会文化发展的背景之下，既要做精做强舞台戏剧本体，也要做活做大戏剧拓展，借助电影、电视、新媒体的兴起，探索新的增长点；做到"人无我有，人有我优，人优我特"，为学院的艺术教育变革带来新的发展空间。

三校的并入，使上戏拥有了一度、二度、三度创作较健全的艺术教育门类，由原来以话剧为主的专业教育拓展成为拥有话剧、影视、戏曲、舞蹈、艺术设计、艺术管理等多门类教育的专业，上戏面临着新的教学资源整合。学校隶属关系发生了变化，学校由直属文化部领导转制为"中央和地方共建，由地方管理为主"的管理机制，这为学院的发展提供了有利条件。文艺事业和文艺单位的改革也对艺术人才的教育提出了新的要求。学院需要制定建设与发展规划，结合新形势新任务分析办学指导思想，进一步明确办学定位，落实各方面的基本任务，按照市委、市政府领导提出的要求，谋求"出人出戏建名校"的品牌效益。

在新形势下，上戏要做的是保持传统优势学科专业，利用戏剧艺术本身的创新性和兼容性，实现三个结合：即将学校自身的发展与上海文化事业的需求结合起来，将自身学科专业优势与引领艺术表现创新结合起来，将教育体系的建立和服务出人出戏结合起来。这是一个难得的发展机遇期，要打破学校之间的隔阂，焕发生机与活力，勇于肩负起文化建设的责任担当。

树立大戏剧观在全校上下干部和教师中是有基础的，但也有一个在实践中不断深化认识的过程。在校党委领导下，全校从 2003 年到 2006 年连续三年召开了三轮办学思想大讨论。通过讨论，强调把"大戏剧观"体现在现代艺术教育上，根据市领导的要求，把上戏建成具有一流学科、一流师资队伍、一流毕业生、一流创作的一流高等艺术学校。在服务全国、服务上海的起点上谋发展，成为国家级文艺院团和文化事业单位选聘专业人才的首选地，成为在社会上具有广泛知名度和观众耳熟能详的艺术家的成长地，成为国际国内各类专业比赛的优胜者的培养地。

二、贯通和创新顶层设计

在遵循以大戏剧观进行艺术教育、形成干部和全体教师一致认识的前提下，新形势下上戏的办学理念和结构格局就由此形成了。

我们把上戏的办学方向，定位在建设与上海文化建设紧密相结合的艺术人才培养和学术研究的综合性艺术大学，这样的一个教学定位比国内同类型的学校应该是先走了一步。比如在北京有中央戏剧学院、北京广播学院（现为"中国传媒大学"）、中国戏曲学院，这些艺术教学单位还是艺术门类相对单一性的，而上戏有了横向从编剧到导演、到表演、到舞美、到艺术管理的相互独立且又有机关联的科系，有利于建立艺术创作链各环节的人才培养专业性和知识结构的多样性。这些专业教学联动互补，除了专业基础教学外，学生可以通过完整的剧目教学实践得到锻炼，也给教师提供了从教室到舞台跨学科的教学经验。尤其是上戏的编导和舞美专业，弥补了戏曲、舞蹈学校单一专业学科的不足，大中专一体化的教学体制，符合艺术人才培养的科学规律。戏剧、影视、戏曲、舞蹈不同门类和专业相互学习和借鉴，这样的教学融合可以形成艺术教育的大格局，有利于培养人才的渠道打通、教学方法创新，提升了教师和学生的知识结构和业务能力。学校在播音主持专业的基础上，加挂了电影专业，若干年后发展成为电影电视学院。上戏还探索性地建立了全国第一个创意学院。这样的专业性和综合性相对应的建校构架，犹如一个十字坐标，很快体现出学科互补的优越性，释放出教育资源跨界融合的能量，也引起了国际剧协的高度重视。国际剧协之后把办公室也设点于上戏。

对于三校合并后的办学格局，当时有以下的阐述。

1. **办学方向**

上海市强调要提高文化软实力，提出了建设文化大都市，提出文化大师云集、艺术巨匠荟萃的发展战略。作为国家级综合性艺术专业院校，应该成为一所高品质艺术思想、艺术理论、艺术知识、艺术实践的集散地，也应努力成为艺术创新的源头。

上戏与国内第一方阵其他艺术院校相比，现有的专业结构基础好，已经具备发展综合艺术学科的专业支撑；作为联合国教科文组织国际剧协戏剧院校联盟的一员，学校在国际艺术教育领域中有一定的影响力。经过多年建设与发展，学校已经初步具备了拥有一支高质量师资队伍和专业授教的基础。面临新的形势，在全面深入总结上戏多年办学经验的基础上，要向多学科转型，在转型中注重传承，在创新中发扬传统，逐步形成以戏剧戏曲学为核心的多学科专业协调发展的教学体系；注重人格陶铸，秉承勤奋进取、求真求美、追求卓越的优良校风，围绕精英人才培养目标，坚持本科教学的中心地位，在学习、实践、创新中为国家培养具有民族精神、国际视野、专业技能的德艺双馨的艺术人才。

2. **办学理念**

上戏的办学理念可用20个字来概括，即"观念引领、规划定位、整合资源、科学管理、项目推动"。推进"教学、创作、实践三位一体"的办学理念。提出了学校一以贯之的办学特色："坚持以创新精神为引领，继承多年中外合璧的戏剧教育传统，依托海纳百川的上海城市文化精神，营造宽松和谐的学术氛围，以'大戏剧观'培养创新型艺术精英人才。"这一办学特色的提出，凝聚了全校师生的心血和智慧，使学校进一步明确了发展坐标和自身的核心竞争力所在。

3. 办学目标

按照市委领导提出的"文教结合工程"战略，上戏要成为五个"一流"、两个"基地"。明确办学基本思路：要坚持艺术精英教育标准，将学校建设成为国际一流艺术人才培养基地、艺术创作研究基地。明确一个目标：以大戏剧观为指导，把上戏办成一所以戏剧戏曲学为主干，以当时教育部批准的戏剧戏曲学一级学科为依托，以艺术学、广播电视艺术学、美术学、艺术设计学、舞蹈学建设为重点，以演艺实践教育为主要特色的创意类、科技型、综合性高水平艺术大学，达到"国内一流、国际著名"艺术大学的办学目标。

4. 规模定位

适度控制本科生规模，稳定研究生规模，扩大留学生教育，稳步发展继续教育，培养具有使命意识、素质能力、创新精神的艺术人才。

5. 服务面向定位

立足上海，服务上海文化大都市建设；辐射长三角，服务长三角区域特色艺术文化事业发展；面向全国，服务国家的文化大繁荣战略；推动国际艺术交流、提升国家文化影响力。

科学地把握办学方向，是一个在实践中不断深化认识和统一思想的过程。2003 年开展围绕"两个如何"问题的大讨论，即"学校如何为上海城市的新一轮发展提供服务，学校如何在服务国家和上海中发展自己"。强调树立大戏剧观念，现代教育观念，服务全国、服务上海谋发展的观念。制定出台了《上海戏剧学院 2004—2007 年发展战略规划》。2006 年又深入开展关于"办学思想与发展定位"的大讨论。围绕培养精英人才的目标，坚持以本科教学工作为中心，坚持以师资队伍建设为重点，坚持以改善教学条件为保障。制定、颁布了《上海戏剧学院"十一五"建设与发展规划纲要》。

学院每次形成的决议，党政班子都要发动中层干部、组织全体教师参加，征求老同志、老教授、民主党派的意见，并举行党校干部培训班，形成的决议讨论稿由职工代表大会通过。教育部和市领导对这些办学目标也充分认可。

三、增强党委领导的能力建设

紧紧围绕实现"国内一流、国际著名"的目标，在学院发展面临承上启下的时期，党委发挥总揽全局的核心作用，班子成员自觉加强党性锻炼，贯彻党委分工负责制，提出了"五个集中"的要求：一是集中精力深入学习，深刻领会市委、市政府领导讲话精神；二是集中精力抓规划的落实，把规划变为可操作的计划和项目，并落实责任人；三是集中精力抓教改，积极思考"两个基地"（创作基地和人才基地）和"探索符合上戏实际情况的特色教学模式""三校深度融合"等课题；四是集中精力抓干部培养和教育；五是集中精力抓好民主集中制的建设和制度建设，推进学院的融合、改革和发展，坚持"五明确"的工作原则，即明确工作目标、任务、责任、时间节点和监督机制。

积极开展领导班子民主生活，注重在实践中发扬传、帮、带精神，经常开展谈心活动。新班子形成团结、进取、务实、创新的工作作风，延续了学校强劲的发展势头。重点构建学院重大问题要建立反映民意、集中民智的科学民主决策机制；加强党风廉政工作，开展构筑全院教育、制度、监督惩治、预防腐败体系的建设，完善招生、基建、采购制度规范，落实干部经济责任审计。

抓党员干部队伍的建设，重点建设好三项机制、四项建设。

（一）三项机制

1. 学习机制

重视思想政治教育，是为了着力提高党员干部的党性修养。建立并坚持中心组学习制度，坚持组织生活的学习制度。利用党校采取集中学习、专题研讨、教育培训与自学相结合的有效形式，对党员、干部、后备干部、学生入党积极分子定期进行重大时事任务的学习、交流活动。

2. 决策机制

在工作中不断健全党委的决策机制。颁布了《上海戏剧学院关于"三重一大"事项的决策制度规定》《上海戏剧学院院级会议制度》等相关文件，深化党委领导下的院长负责制，制订颁布了多项办事制度和工作流程，主要包括建立七类会议制度、实行党务公开制度、建立健全民主集中制、建立重大问题票决制度、完善调查研究制度、抓好决议监督制度、落实个别谈心制度。明确工作目标、任务、责任、时间节点和监督机制。贯彻党委成员分工负责制，推进民主治校。颁布实施《2007 年涉及学院党委重大决策事项的院级党委委员分工》。

3. 管理机制

形成一整套完整的工作套路：规划、计划、项目、责任、保障、时间节点、督办。核心在于责任制，关键在于项目化。为了尽快实现三校深度融合，进一步理顺体制、完善机制，党委对三校的领导班子做了充实调整，并成立了戏曲教学工作指导委员会与舞蹈教学工作指导委员会，加快推进三校深度融合和大中专一体化建设步伐。为进一步强化三校融合，2006 年党委推出了《关于加快推进华山路校区和莲花路校区（大学部）深度融合的决定》，从领导机制、管理模式、两委会职能、教学工作、人员流动、确保平稳过渡等六个方面做出了具体规定。逐步完善学校二级管理机制，进一步明确二级单位责权，重视编印简报《上海戏剧学院专报》，及时准确地向各级领导机关和基层单位、部门反映情况和沟通信息，努力做到"上情下达"和"下情上达"，保证了党政领导班子与教职员工之间良好的沟通机制。

（二）四项建设

1. 党员队伍建设

"将支部建在系里"，由各系的支部副书记兼任学生支部书记和总辅导员；进一步扩大入党积极分子的队伍，加强入党积极分子的培养与教育工作，早选苗、早培养。建立党员责任区，将学生党员作为开展工作的骨干力量，教育的作用真正做到"发展一个，带动一片"。进一步加强对党员的继续教育，严把入门关。学生要求入党的人数逐年增加，党员比例不断上升，受到了市委组织部领导的肯定。学校培养的学生党员就业率为100%，这些党员中80.41%进入了文广集团和高校。

2. 凝聚力建设

定期召开双月座谈会，及时通报党委工作，积极听取统战工作对象参政议政意见和建议，主动接受监督。积极探索具有上戏特色的"凝聚力工程"。选派民主党派代表挂职锻炼，推荐民主党派和无党派人士代表参加各级培训和研讨班，不断提高党外教职工的政治觉悟。

3. 廉政建设

党委修订完善《党风廉政建设十条》和《干部廉洁自律十条》（简称"双十条"），建立"三重一大"制度，颁布实行《上海戏剧学院关于贯彻落实〈建立健全教育、制度、监督并重的惩治和预防腐败体系实施纲要〉的实施意见》和《任务分解表》，加强了涉及钱物的重点领域职能部门的干部力量，充实了党风廉政监督员，制定了《上海戏剧学院党风廉政监督员工作条例》，重点对招生、基建、采购等环节加强监督，杜绝违法乱纪现象。学校实现了所有工程审价归口管理，规范工程支付监管。

4. 思政建设

抓政治思想工作队伍建设，构建和谐校园。扩大了学生辅导员队伍，录用了一些名校的优秀研究生学生党员和本校的优秀在读研究生党员担任辅导员，成为大学生的人生导师和知心朋友，要求学生党支部书记和学生辅导员最大限度地把青年学生凝聚在党组织周围，帮助学生确立人生目标。

以提高全院师生员工的思想道德文化素质和校园文明程度为重点，逐步改善学校精神文明建设工作的设备和条件，充分调动师生员工的积极性、创造性和参与性，以学校的可持续发展凝聚人心、促进和谐，保持市级精神文明单位称号。健全学校各校区网络服务体系，加强信息资源的开发利用和共享。使院报和校园网融时效性、思想性、知识性、趣味性于一体，引导上戏学子树立正确的世界观、价值观。在面对非典、汶川大地震等大灾害面前，引导学生"以青春之心学望相助、以青春之力众志成城"，学生的爱国热情得到充分凝聚。

努力完善团的自身建设，抓学生党建。以院系为单位的团总支，以建设一个有凝聚力的共青团为目标，大力深化"推优入党"，多层次、多形式地组织思想政治学习教育活动。开展"我与上戏共成长""我是上戏人"等系列主题活动，通过举办团干部培训班，锻炼培养了一批批优秀的学生干部和青年积极分子。团委引导学生树立社会主义主流价值意识。组织力量编写"马克思主义文艺观"简明读本，作为在校大学生"两课"教学的基本教材。五年中，经推优入党的团员有200余名，并有22名学生被确立为"选苗育苗"工程培养对象。

积极搭建引领青年学子回馈社会、奉献青春、施展才华的平台，为在校学生成才拓展新途径。"社团"是丰富校园文化生活、提高学生的文化品位、审美情趣、人文素养的园地。纳海剧社、丛文读书会、源点创作基地、紫藤学社等专业性学生社团，已成为学校营造校园文化氛围的重要组成部分。

上戏文化志愿者行动具有自身的特色，充满了青春活力。几年来，上戏文化志愿者始终坚持以"学以致用奉献社会"为指导，以"服务上海、服务社会"为宗旨，积极融入上海城市文化建设和精神文明建设。学校学生文化志愿者被授予"上海市优秀青年志愿者服务集体"荣誉称号。文化志愿者深入社区，为社区居民举办了关于服装与化妆、主持艺术和节目策划的系列讲座；在静安公园举办了多届"牵手、再牵手——上戏文化志愿者行动在社区"的活动，与浦东东明路街道共同启动了"春晖文化共建共享计划"，"服务上海"学生党员志愿者参加了上海市市级机关保持共产党员先进性教育小品展演的创作、排练、演出等工作。

我在上戏工作期间，曾经发生过一件令全校师生感动的事情。她叫孙珊珊，于2003年9月成为表演系首届音乐剧班的一名学生，光明的未来在她面前展开。可就在学期结束时，珊珊却被诊断为急性白血病。这个消息不胫而走，上戏每位青岛籍的学生党员立即行动开来，他们联络青岛当地各大媒体对珊珊的病情进行专题报道，争取了市民的捐赠；全院的师生也纷纷捐款，短短时间募捐到了40万元，还帮助珊珊找到了骨髓匹配者。"珊珊有救了！"央视《毕业歌》编导组听说这个感人故事后，当即决定请珊珊与著名校友宋佳同台演出，一曲珊珊谱写的《姐姐，美丽的天使》让人潸然泪下，它让人想到了感恩，想到了人性关爱和自强不息的上戏精神！

第三节　实施三校合并的学科布局

学科建设是学校发展的龙头。学科建设的整体目标是：坚持以戏剧戏曲学学科为依托，戏剧、影视、戏曲、舞蹈等各门类学科协同发展，传统学科与新技术接轨的科研服务交叉，形成具有上戏教学优势和特色，布局合理、充满活力的学科群体。

　　在学科建设中，提高教育质量，大师的培育和品牌课程是核心。在已拥有国内领先的戏剧戏曲学学科和已达到国际先进水平的舞蹈表演专业以及国内一流的戏曲京昆表演专业等重点学科与专业的基础上，推动学科建设，培育大师名师，建立"品牌课程"，保证优质教育。努力与文化管理部门、文艺集团、文艺院团建立一种互联互动的新合作机制。做到"人无我有，人有我优，人优我特"。

　　三校几十年积累的传统专业是上戏的宝贵财富，也是继续发展的坚实基础。经过反复酝酿讨论，继续发挥三校各专业的传统和特长，遵循当时教育部学科建设目录和三校具有的教学专业和师资资源，把上戏的学科具体布局如下。

一、以戏剧戏曲学为基础，保持核心学科的竞争力

1. 戏剧戏曲学是上戏艺术教育的核心教学竞争力

　　上戏以戏剧戏曲学为学校教育的基础，以广播电视艺术学、舞蹈学、美术学、电影学、艺术学（二级学科）等学科为支撑，学校设表演、导演、戏剧影视美术设计、艺术设计、戏剧影视文学、播音与主持艺术、广播电视编导、舞蹈编导、公共事业管理、艺术教育、媒体创意等 11 个本科专业，37 个专业方向，涉及文学、管理学、教育学三大学科门类，设立戏剧戏曲学博士学位授予点，下设 8 个专业研究方向和硕士学位授予点：戏剧戏曲学、广播电视艺术学、艺术学、舞蹈学、电影学、美术学，下设 27 个研究方向。此外，拥有艺术硕士（MFA）、高校教师在职攻读硕士学位和同等学力申请硕士学位的培养资格(艺术学、教育学、管理学)。建设 6 门上海市精品课程：中国戏曲史、服装人体工程学、导演元素练习、化妆设计创作体现、纪录片创作、芭蕾足尖基本功训练；12 门上海市重点课程：表演基础训练、中国话剧史、导表演基础—诗词意境小品、编剧理论与技巧、舞台灯光设计技巧与方法、导演片段练习、主持人语体艺

术、电视文艺节目策划、表演片段练习、中国古典舞基本功训练、电视导演理论与技巧、导演与表演基础。2007 年，"艺术学博士后科研流动站"在上戏建立，"戏剧影视美术设计"被教育部评为高等学校特色专业，戏曲学院的"戏曲人才培养模式创新实验区"被评为国家培养模式创新实验区。

2. 学科和教学机构布局

以学科建设为依托，保持和带动以下 12 个教学单位：表演系、导演系、舞美系、戏文系、戏曲学院、舞蹈学院、电视艺术学院、创意学院、附属戏曲学校、附属舞蹈学校、继续教育学院、上戏附属高级中学。

2003 年，在全国第九批学科布点中，上戏的"艺术学"和"广播电视学"获得艺术学一级学科的授权，有效地扩充了学校的学科结构。2007 年，学校还获批了"广播电视艺术学"博士点和"舞蹈学""少数民族艺术学"硕士点。逐步形成了学科建设的"5＋1"的建设规划，即"五个重点专业"和"一个保障体系"。建设两个学科：一个主体学科——艺术学一级学科，一个重点学科——戏剧戏曲学重点学科。

3. 学科建设的三层架构和五个重点专业

三层架构分别如下：一是保持和巩固传统优势学科——戏剧戏曲学学科相关专业建设；二是重点建设和发展广播电视艺术学、舞蹈学等学科相关专业；三是探索和研究创意类新专业建设。三层架构相互依托，优势互补，资源共享，综合发展建设好"戏剧戏曲学"这一重点学科，将"戏剧戏曲学"列入全国重点，使其保持在国内及国际上的影响与作用；以艺术教育规律为依据，初步建立起从招生开始，包括课堂教学、课内外实践、尖子学生的遴选和培养、人才推荐、相关理论研究等各环节在内的教学生态链。

五个重点专业分别是舞蹈表演（芭蕾）、戏曲表演、戏剧影视表演、舞台美术和创意学。这五个专业与全国同类专业院校相比，均处于优势地位，尤其是舞蹈表演（芭蕾）、戏曲表演、戏剧历史与理论、舞台美术等优势较为明显；戏剧影视表演专业与中戏等院校相比互有所长（上戏在参与此领域的国际交流和国际活动的影响力上占有优势）；创意学则是国内外关注的新兴学科，学校的学科专业特点以及完整的艺术学科群（戏剧、影视、舞蹈、美术设计、管理等）是创意学得天独厚的学科环境。在已有的电视系播音与主持专业和戏文系电视编导专业的基础上，经学校重新规划和调整，在已建立戏曲学院、舞蹈学院、电视艺术学院的基础上，成立了创意学院。学校自此形成了四个系、四个学院、两个中专、两个部、一个附中的办学格局，为成为国内同类学校中门类最齐全的综合性艺术大学打下了结构性的发展基础。

以后多年，随着形势的发展，上戏的学科和专业建设不断地深化和调整增加，但"三校合并"时期运用传统的坚实的教学基础融合而成的结构，如四梁八柱，为学校今后的发展着实打下了坚实的基础。

二、统筹学科和专业整体布局

1. 建设演艺类综合艺术学科集散群

在专业布局的基础上，学校还注重艺术学科集散群的建立，加强门类的互补性。一是优势学科群：表导演艺术学科群、设计艺术学科群、创作研究学科群；二是特色学科群：广播电视学科群；三是需求学科群：创意与管理学科群。优势学科群辐射引领、特色学科群聚焦亮点，需求学科群对应社会，学科集散群使各学科、专业既保持独立发展，又相互支撑互动。在资源分配、专业调整、师资安排等方面统筹协调，使各方面工作有利于学科发展。一是横向扩展，演艺类综合艺术学科群初步形成，学校在保持传统学科优势的基础上，拓展了与之相关的新的学科专业。二是纵向建设，演艺人才培养链更加完整。由教学、创作、实践三位一体的教学模式拓展创意、教学、创作、展演、科研、推广等艺术创作及其与艺术生产

链相对应的演艺人才培养链，积极建设多媒体演艺虚拟空间实验室、演员
人体训练实验室、艺术嗓音实验室、电视演播实验室、电视录制实验室、
音响实验室、舞台灯光实验室、演艺服装实验室等。

　　2. 增办戏剧中专，加强中专建设

　　艺术教育的规律特别重视从娃娃抓起。根据文教结合工程的要求，上
戏建立戏剧、戏曲学院、舞蹈学院、戏曲学校、舞蹈学校的格局已形成，
建立戏剧中专教育问题提到议事日程。恰在这个时候，上海市静安区区委
书记和区长来上戏调研，在会谈中就谈到能否依托静安区现有的普通中
专，合作改制为以戏剧人才培养为特色的中等专业学校，这样既能对学生
传授文化知识，又能够带有专业性、选苗子性的年轻戏剧后备人才的培
养。这个想法得到了静安区委、区政府的赞同，在上海市静安区教育局支
持下，选择了把余秋雨老师的母校培进中学与上戏共建，办成一个以戏剧
中等教育为特色的学校。在调查研究的基础上，校党委进行了认真研究，
决定在培进中学的校名下加挂一块牌子——上海戏剧学院附属戏剧中等专
科学校。艺术方面的师资由上戏提供，文化课程保持不变。在全国统招的
基础上，对戏剧学院附中培养的学生采取优先报名、优先录取的政策，大
学教师成了兼职的中学艺术教育教师。2006年由上戏和静安区教育局合作
创办的全市唯一一所艺术特色的高级中学——上海戏剧学院附属高中正式
亮相。学校三个戏剧艺术特色班的课程设置按照上海市二期课改的要求，
在完成国家规定的全部文化基础性课程之外，还开设了戏剧影视表演基
础、戏剧影视文学基础、戏剧影视美术设计基础三个艺术专业课程。就
此，上戏在戏剧、戏曲、舞蹈整个专业人才培养方面完成了大中专一体
化。如今上海这三所中学（上海戏剧学院戏曲学校、上海戏剧学院舞蹈学
校和上海戏剧学院戏剧中专）都成为有特色的重点学校，中专培养的优秀
艺术苗子人才经过选拔，很多毕业生考进了上戏，为上海乃至全国培养艺
术人才开拓了很好的培养通道。

3. 明确二级学院专业教学创新的重点

学校的党政会议要求二级学院和各系党政班子根据学校的总体布局确立各自的学科建设和教学重点。

戏文系通过创作与科研的新成果来反哺教学，充分依托戏剧戏曲学雄厚的学科背景，在抓好戏剧文学传统专业教育的同时，利用四个戏剧写作工作室，与客座教授中成熟剧作家的优势结合，注重指导学生的创作，集中力量推出高水平的学术著作与完成高质量的科研项目。

导演系总体目标与定位是：对内使导演系的教学、创作和科研始终走在全国同类院校同类专业的前列，对外积极开拓并建立广泛的国际交流与合作平台，最终使导演系成为戏剧导演艺术的三个重要基地——戏剧导演艺术高等人才培养基地、艺术创作实践基地、国际交流与合作基地，培养高层次、应用型导演专业人才。

表演系的扎实、规范化教育是一贯的专业教学标志。提高教学水平，规范教学行为成为每一位教师的责任，要求教师认真落实教学计划，做好"教学会诊"工作。严格执行"主讲教师负责制"，总结"声台形表"一体化教学经验，抓好晨课和两台教学汇报展示，做好三、四年级学生社会艺术实践（影视实习）和毕业大戏的排练演出、论文开题和论文撰写工作。

舞美系在学科建设方面，抓好教学工作室的建立与建设，如周本义工作室、韩立勋工作室；抓好教材更新，完成结项以及自行联系出版的教材等；加快教学基础设施和实验室工程建设。

电视艺术学院根据"保持原有特色、强化新的优势，夯实基础、一专多能"的目标，对课程设置进行了梳理、调整和完善，建立学院摄录制作基础课平台。同时，加强"广播电视编导专业"学生编写和摄录制作能力，力求真正做到"采（采访、拍摄）、编（编写、编剪制作）、播（主持）"合一。

三、优化资源配置

1. 开展保障系统建设

着眼于"三校合并",加强教学配套机构和功能的建设,学校尽管地分多处,但仍需统一规划。

一是建设好"两个系统",即图书馆信息化管理系统和多媒体教学系统;二是建设好"六个剧场",即实验剧院、小剧场、新空间、黑匣子、戏曲展演小剧场、舞蹈实验小剧场;三是建设好"六个实验室",即虚拟合成实验室(被列为上海市重点实验室)、灯光实验室、音响效果实验室、道具实验室、人物造型实验室和语言与嗓音实验室;四是建设好"一个博物馆",即戏剧戏曲博物馆;五是建设好"两个中心",即"教学服务中心""上戏演艺中心",形成了"双周演"制度和"期末演出月"制度。

根据上戏多年打下的基础,加强"三个基地""三个中心"的建设。三个基地,即国际表演研究基地、昆曲人才培训基地和大学生戏剧实践基地;"国际表演研究基地"主要开展专业表演训练和研究,开办"大师班"。三个中心,即戏剧戏曲学研究中心、上海戏剧学院创作中心和上海戏剧学院演出中心。

2. 制定相适应的校区建设规划

为了创造适应舞台各类表演样式的硬件条件,在校内有限的空间内挖掘装修了多样空间,这些演出空间包括大剧场,也包括创新戏剧戏曲表演的各类小剧场。现在上戏的华山路校区还有 6 个大大小小的艺术表演空间,为戏剧教育和实践演出提供了多样性和实验性的可能。

华山路校区:进行实验剧院改扩建工程、红楼(教学楼)改建、改善校园环境和基础设施,使该校区成为高品位、有深厚文化艺术氛围和学术影响力的花园校园。

莲花路校区:通过新建、改扩建和内部挖潜等途径来发展校园,建设综合教学楼、戏曲博物馆、学生公寓，同时改造大修图书馆、琴房、食堂，着重改变使用功能。

虹桥路校区：有丰富的文化底蕴，将通过重新规划布局，调整建筑容积，改扩建和恢复旧建筑历史风貌相结合的方针来达到强化功能、改善设施的目的。新建学生公寓，维修改造文化教学楼，维修改造舞蹈教学楼，使该校区成为一个精致典雅、富有艺术气息的庭院式校园。

不得不说，2003—2008 年的五年间，在上海市方方面面的支持下，在全校教职工的努力下，上戏抓住了"文教结合工程"和"三校合并"的机遇，抓紧布局，使得上戏校园的办学设施和环境建设有了一个崭新的面貌和功能的提升。

3. 进行管理模式的探索

按照市委领导"让广大教职员工每年、每阶段都看到、感受到学院前进的脚步，以增强大家勇攀高峰的信心和不断进取的决心"的指示精神，将已有学校职能部门的设置和以条为主的行政管理模式转变为条块结合、管办分离的管理模式。建立与多校区管理相适应的模式，理顺条块关系，这样的做法有利于学校各种教育硬件资源和软件资源合理配置。明确二级院（系）职能，注意发挥教研室在办学过程中的作用。进一步理顺体制，完善机制，实现三校深度融合。党委对三校的领导班子做了充实调整，并成立了戏曲教学工作指导委员会与舞蹈教学工作指导委员会，统筹解决三校区在改革与发展过程中所面临的实际问题，积极推动三个校区的交流与互动。进一步明确二级单位责权，增强各部门之间、各部门和学校整体之间工作的协调性。进一步增强服务意识，为教学第一线做好服务工作。以重点项目为依托，以优化师资力量为抓手，分别完善戏曲、舞蹈专业大中专一体化机制，为进一步推动大中专一体化工作夯实基础。

调整内部分配政策，进一步促进人与事的有机结合，人与岗位的合理配置。达到不断提高办学效益、增强办学活力的目的。确立收入分配向在重要岗位上承担重要责任的骨干教师和管理人员倾斜的政策。校内分配以岗定薪,以工作绩效进一步拉开差距,同时兼顾公平。岗薪管理的权限重心向二级院(系)下移,提高优秀拔尖人才、学科带头人、中青年骨干教师和管理骨干的待遇,稳定教师和管理岗位中的骨干队伍,稳定和吸引一批优秀人才到学校任教任职,并确保优秀人才进得来、留得住。

四、开创国际交流的新局面

积极开展国际交流合作,是三所院校的一贯传统。依靠上戏的综合优势,与世界一流院校或团体在艺术教育、创作演出等方面开展合作交流。外事工作努力挖掘三个层次:一是与全球性或区域性团体、组织、活动展开内容广泛的合作,形成长效工作机制;二是与国际一流艺术院校进行教育教学、演出创作等方面的合作与交流,定期互访;三是与独具特色、水平高超的各类团体、院校进行相关的合作交流。发展合作办学、论坛、戏剧节、工作坊,所主办的国际艺术院校校长论坛、国际小剧场戏剧展演、国际文艺前沿讲座与展示,使上戏对外合作又进入了一个新阶段。

2006年10月上戏主办了第二届"国际高等戏剧艺术院校校长论坛",邀请到美国、韩国、日本、英国、俄罗斯、罗马尼亚等国戏剧艺术院校校长参加,在戏剧教育领域,这样高的规格在国内尚属首次。他们中绝大多数人是在国际学术界享有很高声誉的专家。这次会议对上戏倡导的"大戏剧观"进行了专题讨论,发表了"戏剧教育的共同愿景",为今后的交流活动制定蓝图。由上戏协调各相关院校互访、互派、互学的交流活动,着力引进一批优秀文化作品和艺术教育大师与国际顶级艺术院校共同组建教育团队,使国际艺术教育合作有了更为广阔的空间。学校搭建平台,联合国教科文组织国际剧协戏剧院校亚太中心、联合国全球创意产业研讨会执行组委会、国际戏剧教育院校校长论坛执行组委会、国际小剧场戏剧展演组委会先后落户上戏,与世界近30所有影响力的艺术院校和艺术组织开展广泛交流，吸纳海内外优秀人才，大幅度地提升了学校在国际同行中的知名度。

戏剧教育本身就是一种人类的社会活动，学校对于戏剧学科建设产生的新现象给予了十分的关心和支持。孙惠柱老师长期与人类表演学的大师谢克纳教授进行合作，对人类表演学有着深厚的研究和生动的教学实践。人类表演学的本质是把舞台传统的戏剧哲理和演出风格进行延伸，使得戏剧表演更富有社会性的价值意义。人类表演学在国内还没有开展，党委大力支持孙老师建立该专业，把人类表演学这一戏剧学科的分支建立起来，根据孙惠柱各方面的表现和业务能力，破格提拔他担任学校相应的行政领导职务。人类表演学的开发拓宽了上戏的戏剧教学领域，丰富了上戏的戏剧学术思想。谢克纳教授和他创立的人类表演学，用戏剧研究的模式分析所有的人类表演，成为一个跨学科的研究领域。上戏积极引进谢克纳教授，建立了第一所人类表演学研究中心——谢克纳人类表演学研究中心。中心以具有世界影响力的戏剧导演兼理论家理查·谢克纳的名字命名，从三方面开展人类表演学的工作：具有中国特色的社会表演学研究、仪式和民俗表演创作、排演实验戏，得到了国内戏剧教育界很好的反响。

第二章

教师人才队伍建设

2006 年 10 月，上海市委宣传部、市教委、市文广集团、市人事局、市发展和改革委围绕构建"上海市文艺人才高地"这一战略目标，制定并下发了《关于全面推进上海文艺人才高地建设的意见（试行）》等几个文件，内容涉及艺术人才教育和培养的九大板块，又称"九大政策"。对上戏来说，育才、引才、聚才和用才是摆在我们面前最为紧迫的任务。坚持党管人才原则，建设一支师德高尚、业务精湛、结构合理的一流师资队伍，塑造一支能适应现代大学管理要求的廉洁、高素质、专业化的党政管理人才队伍，是使学校具有核心竞争力的关键。

第一节　艺术"授业"师德"传道"

上戏的教师都知道，艺术教育，首先要教做人。作为教师，既要教授学生专业技能，更要培养学生如何做人、如何生活。"学高为师，德高为范""为人师表、躬行实践"，要以崇高的理想、完善的道德情操、坚定的信念、顽强的意志品质，来潜移默化地影响学生。教师正直、学生正直，教师真诚、学生真诚，教师纯洁、学生纯洁。教师对自我的严格要求，将潜移默化地反映在学生的世界观、人生观、价值观里。艺术院校教书育人的一个特殊性在于，专业教师与学生朝夕相处、情同手足，专业教师要深度引领学生的思想教育工作。在上戏学习是学习一种价值理念。上戏老师教诲学生："艺术要有殉道精神"，艺术绝不是条开满了鲜花的坦途，真正的艺术家都是苦难中成长的，要去追逐梦想，这是一条永无止境之路。以上，是上戏教育文化的宝贵财富。

焦晃、杨在葆老师谈及在上戏学习时最大的感触是：上戏所带给学生的是一种文化。这种文化，包括了人生价值、世界观、美学观、道德观。艺术的殉道精神包括两方面的要求。一方面艺术是神圣、纯粹的，不容用名利来玷污的。如果你真正喜欢它，你的一切交付予它，这一切与外在的名利无关。另一方面，艺术品虽是艺术家用耗尽毕生浇灌出来的花朵，但这朵花绝不只为了艺术家自己而开放，它是要献给广大的艺术欣赏者的。"能写真景物，真感情者，谓之有境界"，但境界也有高低之分，它反映的情感所代表的人群越广泛，其境界也就越高。艺术家不可陶醉于、自满于个人天赋，要有社会的责任感与使命感，自觉地为人民去歌颂与呼唤。加强个人品格修养与道德自律，才能真正领悟到艺术的真谛。上戏要求老师和学生坚持自己的追求和理想，要明确要为民族、为国家做什么，要甘于寂寞，放眼长远。

胡导老师是我在上戏工作期间走得较近的老教授。早在 20 世纪 30 年代他就开始投身党领导下的进步文艺事业活动，上海解放以后一直在学校从事表导演教学和艺术活动。胡导教授桃李满天下，他亲手培养的学生就有焦晃、李家耀、杨在葆、卢若萍、梁波罗、张先衡、张名煜、潘虹、郭小男等。为表彰胡导教授在话剧艺术方面的突出成就，曾先后被授予宝钢高雅艺术特别荣誉奖、第四届中国话剧金狮奖荣誉奖。胡导教授离休后，继续关心和投身学院教学和演出工作，常年在学校与师生们一起探讨问题。他 85 岁学电脑，87 岁接项目，89 岁出专著，而且还给自己制订了计划——每天完成 2 000～3 000 字写作任务，反映出一位老艺术教育家"生命不息、求索不止"的治学精神。

为了表彰胡导教授对戏剧教育事业的杰出贡献，学校决定授予他"戏剧教育终身荣誉奖"。他是上戏办学近 60 年来第一个享受此殊荣的教师。胡导教授尊重每一个学生，把每一个学生都当作有血有肉，有感情，有理性，有独立人格、独特价值和无限潜能的"个人"，他认为只有真正地了解、尊重、研究每一个学生，才能根据每个学生的特点因材施教。"在我的眼里没有差生，他们都很可爱。只有这样那样的不同。"学校党委隆重地为胡导教授举行了 90 岁寿辰的庆祝会，袁雪芬、孙道临、洪谟、乔奇、白穆、顾也鲁、蒋天流、冯健、袁化甘等老一辈艺术家到校庆贺胡导教授生日寿辰。陈明正、陈加林、宋廷锡、张振民、张应湘、李志舆、魏淑娴、王昆等表演系教师代表，戴平、徐海珊、韩生等舞美系教师代表，苏乐慈、杨关兴、卓鉴清等导演系教师代表，以及焦晃、杨在葆、李家耀、卢若萍、梁波罗、马可、张先衡、张名煜、曹蕾、刘子枫、郭小男、王洛勇等一大批校友都出席了这次活动。

今天，胡导老师已离开我们多年，但他为上戏教师和学生建立的精神丰碑，却永远树立在一代代上戏人的心中。

第二节　致力于建立专而精的师资队伍

为了给学科建设提供强有力的人才保障，给上海的城市文化建设提供智力支持，在人才建设方面，上戏根据"用好现有人才、稳定关键人才、引进急需人才、培养未来人才"的原则，制订了教授、国外专家、中青年教师、优秀拔尖学生、国内高层次人才等多级多类人才的引进、培养和建设计划。

一、建立适应学校长远发展的人力资源保障体系

成立上戏人才工作管理监督委员会，深入研究艺术教育人才队伍的建设规律。学校每年财政预算应列出专项经费，用于人才引进、师资培训进修、科研课题、人才合作项目，制订了《关于教授待遇分级制的工作条例》《关于引进国外专家的工作条例》《关于引进国内高层次人才的工作条例》《关于戏曲、舞蹈人才培养的工作条例》等若干条例，着力建立一支理念先进、专业过硬、团结协作的管理人才队伍。

制订了一系列凝聚教师队伍的措施：如做好管理人才的选拔、培训工作，提高管理队伍的学历层次，建立聘请国内外专家学者兼职任教。引进国际一流艺术专家和大师来校承担工作，聘请院团优秀演员作为学校特聘教师，实施"霞光工程"，使已离退休的各类艺术专业教师继续发挥各自的业务专长。

二、注重艺术教育人才队伍的梯队建设

形成由若干个顶尖学科带头人以及各专业领军人物组成的"强力集团"，着力扶持重点学科的学术带头人和主持国家级重点科研项目获得重要成就的教授。深化职称聘任双轨制的推行，以聘代评，评聘结合，较大幅度地提高教授待遇，建立工作岗位责任制。在传统专业已经形成一套完整的教学体系的基础上，以专业骨干教师为主力，建立一批不同专业的教学工作室。建设院级精品、重点课程，建立精品课程遴选制度，确保精品课程的质量，积极申报国家级精品课程。

三、形成干部和教师队伍的良性互动

要牢牢抓住引进、培养和使用三个环节。同时，抓好三支队伍建设，即管理干部队伍、学术带头人队伍和中青年骨干教师队伍。做好后备干

部，特别是青年后备干部队伍的考察、遴选、培养工作。以高层次人才培养和创新团队为核心，重要的是发挥好在校的教师干部队伍的积极性，他们是搞好上戏的主力军，依靠他们制订合理的编制结构，善于扶持和培养本院优秀人才。同时，建立优胜劣汰和重能力、重创造、重实绩的考核机制，进一步提升教师队伍的教学竞争力。这是摆在我们面前最为紧迫的任务。

为适应上海文化大都市的建设需求，学校对上戏的教师队伍进行了梳理，也提倡教师再学习，"补短板"。当时的教师队伍急需加强的方面，第一是综合业务结构，第二是在重视教师课堂教育的同时加强舞台实践经验，第三是加强新知识、新事物的吸收能力。教师能够提高这三方面的能力，也就提升了整个学校培养人才的实力。

四、激发校内外教学名师传帮带的作用

在上海市教委和宣传部的支持下，学校党委进行了三个方面的探索。第一方面是得到教育部的批准，把教育资源进行分类提高，对于高层次教师队伍采取了扩编措施，扩大了正副教授名额，增加了博士点和硕士点，把富有长期教学经验、在实践和学术方面有杰出贡献、得到群众公认的教师聘为教授。第二方面是采取了聘请校外兼职教授的措施，在打通和院团合作的基础上，把表演院团的一些著名编导、享有盛誉的有影响力的演员聘为上戏的教授。第三方面是加大国际交流，加强国际合作，把国际著名的戏剧和影视方面的专家聘到学校来，带动学校的师资队伍提升国际的眼光、国家的眼光和上海的眼光。在这些措施实施的过程中，重视抓住发挥三校老教师的作用。老教师有着丰富的教学演出经验，对于年轻教师的传帮带不仅是体现在技艺方面，更加体现在艺术品德和教学精神方面。抓住以上几方面进行师资队伍的建设，使得上戏的教师教学人才队伍形成一盆活水，可进可出，可在课堂上也可在舞台上，推动艺术人才创新发展。

五、启动"223"计划

"223"计划，是指三年引进 20 名国内外知名专家、教授，充实学校教师队伍；派遣 20 名有培养前途的青年讲师到国内外著名院校进修深造；出版 30 种高水准的系列教材。学校制订了引进外国专家的计划，涉及戏剧编剧、导演、表演艺术、电影艺术、舞美设计、装置艺术、芭蕾舞、现代舞、戏剧艺术理论等十几个专业共 30 余人。

陈家年、林美芳夫妇是上海市舞蹈学校的高才生，也曾是上海芭蕾舞团的领衔演员，20 世纪 70 年代去国外深造，长期担任海外芭蕾舞团的主要演员。为了加强新建立的上戏舞蹈学院业务领导力量，在市教委和外国专家局的支持下，几经工作，破例为陈家年夫妇提供了良好的业务教学条件，较为优惠的工资待遇和户籍住房，终于使他们落户上海，陈家年还被聘为舞蹈学院的副院长。多年来，夫妇二人一心扑在上海芭蕾舞教育的事业上，兢兢业业地培养了大批杰出的后备人才，多次在世界芭蕾舞青少年比赛中拿到大奖，为祖国和上海赢得了荣誉。那些年，学校根据上戏人才引进目录，缺哪方面优秀师资，就千方百计引进哪方面专家，涉及编剧、影视、声乐、美术、文化管理、文化科技多个行当，丰富和健全了上戏的教师队伍。

"戏剧学"是一门新兴学科，它的独立和体系化是从 20 世纪初开始的。叶长海老师于 70—80 年代即立志要建立具有中国文化特色的"中国戏剧学"。他以五年多时间集中全力撰写了 50 万字的巨著《中国戏剧学史稿》，该书在海内首次提出"戏剧学"的观念，以宏观与微观的视野，从创作论、表演论、剧场论及观众论等多角度阐述中国历代戏剧学研究的成就，其理论显示出一种厚实的层次感和贴近艺术实践的现实感。该书于 1992 年获"首届文化部直属院校优秀专业教材奖"，1995 年又获"首届全国高等院校人文社会学研究优秀成果奖"。他长期担任上戏学术委员会主任、博士生导师，曾多次获得全国奖项。此后连续出版《戏剧：发生与生态》《当代戏剧启示录》等学术著作，20世纪90年代初被授予"国家级突出贡献中青年专家"荣誉称号。曾经承担国家社科"八五"课题《中国曲学》，并出版《曲学与戏剧学》专著及主编《中国曲学大辞典》，为我国戏剧戏曲学做出了学术贡献。叶老师被选任学校公认的学科带头人，他主讲的《中国戏曲史》被评为上海市精品课程，桃李满天下，上戏的戏剧戏曲学内涵不断丰富，外延持续发展，不仅限于理论成果，而且与相关专业相结合，转化为教学演出的实践。

第三节　建立余秋雨大师工作室

余秋雨老师毕业于上戏，并担任过上戏的院长。他曾应邀在美国哈佛大学、耶鲁大学、哥伦比亚大学、马里兰大学和华盛顿国会图书馆巡回演讲过中华文化，引起巨大反响。他对中国文化和中国戏剧理论的研究，在国内外产生了巨大的影响，文化耕耘的几十年，写下了许多在我国文学艺术史上具有代表意义和学术价值的著作，是我国著名的文化学者、艺术理论家和文化史学家。

一、秋雨文化教育基金成立

为了弘扬中华文化和研究中外文化艺术、提高文化艺术水平和教育学术水平，由著名学者余秋雨先生担任理事长的秋雨文化教育基金成立，隶属于上海文化发展基金会。2007年4月29日召开了第一次理事会。上海市委常委、宣传部部长王仲伟在基金理事会上指出：秋雨文化教育基金有三大优势，一是选择项目有高端眼光，二是放眼天下的文化视野，三是募集资金的号召能力强。基金的重点是要通过优秀的文化项目凝聚人才，最终形成以项目为核心的资金和人才的良性循环。

秋雨文化教育基金将凭借余秋雨先生在华人文化界的信任度，资助和组织海内外有关中国文化的阐释、呈现、重构和创新的各种试验，重点推出一批有影响力的演出剧目、电视栏目和教学科目。余秋雨先生表示：文化的主要运作方式，应该是政府支持的民间化、项目化行为。这就是这个基金的宗旨。

二、"余秋雨大师工作室"正式授牌

2007 年夏初的一天，时任上戏院长韩生老师向我转达了时任上海市教委主任沈晓明的指示，市教委正在筹备建立市级大师工作室，在上海艺术类高校中充分发挥国内外公认的文化坐标人物的引领作用，一定能够更加有效地推动上海文化的提升。市教委在上海音乐学院建立了周小燕大师工作室。市教委提出，希望发挥余秋雨老师的作用和影响，结合秋雨文化教育基金的设立，以市教委名义在上戏建立余秋雨大师工作室。

余秋雨先生早在我国教育文化事业百废待兴的关键时刻，着手建立全新的世界戏剧思想史、中国戏剧史、戏剧美学、观众心理学、艺术创造工程等一系列基本学科，编写的著作和教材长期被很多高校使用，并获得了全国和上海市的多个最高学术奖项。他又以亲身历险的方式走遍了中华文明和人类其他古文明的遗址，具体地阐释了中华文明的独特生命力及其在世界文明中的地位。多次应邀在美国各大名校、国会图书馆和联合国世界文明大会上演讲中华文化史，还通过电视媒体向国内民众讲授，产生巨大影响。余秋雨先生是一个集"深入研究、亲自考察、广泛传播"于一身的文化学者，他在历史转型期出色地承担起了守护和解读中华文明的使命，多年来在国内外获得极多奖项。

经过精心的筹备，9 月 10 日教师节上午，上海市教育委员会在上戏举行了"余秋雨大师工作室"授牌仪式，上海市副市长沈晓明出席仪式并讲话。希望借助工作室来吸引各地大师，为加强文化交流提供更多合作的可能。能够提供给各国艺术大师一方创作的天地，加强各地艺术家和文化学者的沟通联系，把上海当成一个平台，自己发挥牵线搭桥的作用，希望能够在各地艺术家共同的努力下将上海这座城市的创造性更大限度地发挥出来。

余秋雨在工作室授牌仪式上说："感谢上海市政府和上海市教委对我的关心和支持。我以十几年时间在上海参与了文化教育领域披荆斩棘的拓荒工程，与同事们一起改变了学科残缺、教材稀少、观念陈腐的状况。这是一段激动人心的岁月，但是我却预感到，中华文化的灵魂需要重新找回。这种找回不是找出一本本老书炒冷饭，而应该用现代观念一步步踏访、一点点考察。不仅要走遍中国，而且还要走遍世界，进行反复对比；不仅要一路做出思考，而且还要快速传播，获得海内外同胞的反馈和共鸣。这显然是一个极其艰苦的旅程，因此我把它说成是'文化苦旅'。这十几年来，我的目标已经达到。中华文化成为时代的精神坐标、世界的关注对象，我很高兴自己曾经历尽磨难守护了它那么多年。工作室是我的一个总结之地，可以在这里传授一些中国文化史的课程，梳理我搁置多年的艺术美学，包括城市美学。感谢我的母校上海戏剧学院一如既往为我提供温暖的环境和行政业务上的支持。"

"余秋雨大师工作室"正式挂牌后，在静安区委的鼎力支持下，办公楼仅仅花了一百天的时间完成了建设任务，"余秋雨大师工作室"办公楼在上戏顺利竣工落成，举行了落成典礼。静安区政府向余秋雨先生颁发了文化顾问证书，区政府在余秋雨先生的指导下，每年举办具有国际等级的"城市美学论坛"。

三、戏曲音乐剧《长河》

作为余秋雨工作室牵头的中国戏曲和西方音乐剧嫁接的初次尝试，

"戏曲音乐剧"这一新兴创作表演样式也脱颖而出，戏曲音乐剧《长河》的创作横空出世，备受瞩目。与关锦鹏导演一起从香港到上海来参加《长河》创作剧组的，还有联合导演魏绍恩、菲律宾籍的著名作曲家鲍比达、被称为"香港造型艺术第一人"的张叔平。

《长河》由上海文化发展基金会制作，上海大剧院联合制作，演出合作单位为上戏和上海音乐学院。上戏当时决定开办一个"戏曲音乐剧"专业，拟聘请马兰老师主持。戏曲音乐剧专业对学生的文化素养要求很高，学生在校期间，除了完成上戏的戏剧课程及上海音乐学院的声乐课程外，还要接受专业戏曲老师的指导。余秋雨表示："其实排戏曲音乐剧《长河》的筹备在工作室启动的时候已经开始了，我们邀请了中国港台地区及菲律宾等地的艺术家，合作完成这个艺术作品，这也是我们以后努力的方向。"

2008 年 12 月 12 日，原创音乐剧《长河》上海大剧院版在上海大剧院首演并大获成功。据参加过排练的很多演员说，在这部音乐剧中，有的场面很激情，例如在半夜冰河上濒临死亡边缘的集体舞蹈；有的场面很快乐，例如在京城大街上迅速的性别转换；有的场面很感人，例如主角女儿与明明在场却不能相认的父亲的隔空心灵对唱。此剧既追求东方神韵，又追求现代风尚，受到了专业文化人士和广大年轻观众的共同喜爱。

第四节　聘请客座教授和霞光工程

一、聘请艺术大家担任客座教授

2005 年，学校根据文教结合工程的需要，为优化和打通校内教学和校外实践的通道，下决心聘请了一批德高望重的文艺界大师和高层管理者作为上戏的客座教授。聘任王仲伟同志为创意学院名誉院长，在教授名单第一位的是京剧表演艺术家尚长荣,还有著名电影导演吴贻弓、著名演员焦晃、著名作家赵耀民、著名舞蹈家教育家舒巧和林泱泱等。艺术学院聘请客座教授打破了"唯著作论"的框框。如尚长荣曾创作了京剧《曹操与杨修》等多部艺术巅峰之作,他的一部部大戏,就如同一部部巨著。京剧名家梅葆玖和杨畹农的弟子李炳淑、杨春霞等在"纪念杨畹农大型演唱会"上传授了梅派名段。著名导演赖声川、丁乃竺夫妇等也先后为上戏学生授课。

上戏先后聘任国内外 27 名在戏剧、戏曲、舞蹈、影视等艺术和教育领域的知名专家、学者作为学校的客座教授。学校打破了单一的用人机制,逐步形成了岗位责任制、公司聘用制、人事代理制以及单位合作制等多样并存的用人机制,带动了学校学术带头人队伍和中青年骨干教师队伍的迅速成长、脱颖而出。

为建设一支国际化、开放式的复合型师资队伍,学校制订了引进外国专家的计划,以战略眼光瞄准世界一流艺术大学,大胆引进国际一流艺术教育专家和艺术大师,包括韩国的郑用琢,美国的查国钧、西门孟、胡雪桦,英国的蒋维国,法国的 X. Dupuis 等。邀请国外一流专家来学校承担工作,涉及戏剧编剧、导演、表演艺术、电影艺术、舞美设计、装置艺术、芭蕾舞、现代舞、戏剧艺术理论等十几个专业共 30 余人,采取建立研究中心、建立工作室、担任客座教授和兼职教授,以及短期讲学、开设讲座、导戏等多种形式,除对学生进行授课外,其中大部分专家还对学校中青年教师进行培训,并参与教学教材编写以及教学演出活动。

二、携手老教授共谱霞光工程

为及时抢救和保护上戏离退休老教授和老艺术家宝贵的学术、科研和教学成果,学校党委决定从 2004 年起启动"霞光工程",积极采取各种有效措施,为上戏已离退休的各类艺术专业人员创造一定的条件,使他们能够继续发挥各自的业务专长，与全校师生员工一起共同为上戏新一轮的发展做出贡献。2005年，"霞光工程"正式列为学校人才管理体系的重要组成部分。

"霞光工程"抢救了学校老艺术家宝贵的教学财富，赢得了离退休老同志的充分肯定。在校领导和各教学单位、部门的关心支持下，"霞光工程"很快有了起色。各系领导走访老专家、举办专题咨询会和座谈会，先后举办了《庄宝华版彩山水画展》《刘文斗美术作品展》《周本义舞台设计展》等，并出版了画册。"上海戏剧学院霞光文艺研究丛书"陆续出版，包括胡导教授的《戏剧导演技巧学》、徐企平教授的《戏剧导演攻略》等，编印了吴光耀先生的著译集《多样化：戏剧革新的必由之路》，出版了项奇同志的《淘园杂忆》。2006年，获悉学校资深教授陈多同志病重、病危之后，为陈多同志争取科研课题立项并提前获得院级课题经费，出版了陈多教授的论文集《剧史思辨》。

整个工程共涉及上戏具有中高级以上职称的老艺术家178人，年龄最大的96岁，最小的55岁，涉及教材7类15本、专著8类12本、影像资料4类43部以及学术研讨文集和艺术作品多部。"霞光工程"在抢救、保护学校艺术珍宝的广度、深度和时效性方面得到进一步加强，成为老同志继续发挥才华的华彩乐章。

第三章

探索文教结合的新模式

　　从历史沿革上来说，培养艺术人才的模式很多，"师承制"是最为普遍的。艺术家讲究门派，看中了有发展的苗子，就收为弟子。门派有很严格的规律，学成了也就沿袭了"流派"，以后也有由领衔的大师组成的"社"与"团"，他们把艺术传承总结成教育方法。外来戏剧进入我国以后，"艺校制"也逐渐建立。新中国成立后，党十分重视艺术教育机构和教育模式的科学发展，专一门类、综合剧种的艺术学校也相继建立，有了戏校、舞校、美校等，把艺术教育独立于剧团之外，专门培养青年艺术人才，输送给剧团和广播影视单位。除传承技艺外，艺术学校也重视文化和艺术史论、思政理论和学术的研究。对这些模式的探索，上海走在全国的前面，涌现出一大批优秀的专业从事艺术教育的师资人才和教育方法。这些教学模式的沿革和发展，一脉相承，既符合艺术人才的培养规律，也符合时代发展的需要。在实施"三校合并"的模式探索中，十分重要的是继承教学传统，注重教育规律，研究新时期的艺术发展需求，探索培养符合时代需要的艺术教育模式。

第一节　坚持实施精品教育

艺术人才的教育培养非常不易。为抓好急需紧缺人才培养，上戏发挥合并后的整体优势，以更加开放的姿态梳理教学专业，强调以课堂教学为基础，持续小班化教学，保证学生的基本功训练；强调抓好课程建设和课程改革，让学生有机会得到国际国内专家和大师的指导，把精心打造艺术英才的目标落到实处。

一、抓好尖子人才培养

坚持以培养代表国家水平艺术精英人才为目标的教育理念，坚持"国家队"艺术精英人才的培养标准。成立拔尖人才培养领导小组，学校启动了"撷英计划"，出台了《上海戏剧学院撷英计划实施方案》和《关于教学实习与社会艺术实践活动管理的暂行规定》，建立拔尖学生人才库，制定精品教育标准。学校控制本科招生规模，建立个性化培养方案，尤其在戏曲人才的培养方面，专业教学实行"一对一、面对面""一戏一聘""一舞一聘"等方式的导师教学制，使拔尖学生能够学到拔尖教师各自最拿手的剧目。

通过一定的选拔程序和展示机制，从各专业在校学生中筛选出品学兼优、艺术发展潜力大的优秀学生，建立学生"尖子"人才数据库，进行跟踪培养，并抓紧研究相关措施不断推进这一工作，精心打造上戏"选苗工程"。为了配合拔尖人才的推广宣传工作，学校建立了拔尖人才推荐中心，中心包括门户网站、信息编辑和对外展示三个部分，建立人才推荐长效机制。

戏曲学院首创"三明治"教学模式。以往，戏曲、舞蹈专业学生中专毕业后面临两难：去院团工作，就放弃了升学机会，继续读书，会失去宝贵的舞台青春。上戏允许这些专业的中专毕业生保留学籍，学生在学习阶段可先进入院团当演员，之后还可回校继续完成学业。过去，一些毕业生在学校算得上是"科里红"，然而进了表演院团，却因为缺乏舞台经验、表演尚嫌稚嫩而难以"出头"。这些羽翼未丰的学生需要跟演出团体中的众多著名演员有共同竞争的演出机会，把第一茬最好的"韭菜"留住。通过反复讨论和沟通，学校与院团一致认识到培养好这些尖子人才是上海文化和教育界共同的责任。要给那些具有艺术潜质，但在艺术表演方面并不太有经验的年轻人才提供可深造和提高的平台，也给予尖子艺术人才造访名师、学名剧、多上舞台演出的难得机会。"要让青年演员最好的年华在舞台上度过，而不是在课堂里度过。"其中的关键是处理好几个关系：日常教学和演出任务的关系、课堂和舞台演出的关系、中专基础和大学提高的关系。中专是关键，大学是提升，拔尖学生是否能培养应该在中专时期就能看出来，建设好中专才能培养全国最好的拔尖学生。正是通过这样的不断探索，"文教结合"培养人才新模式日益深入人心。

二、建立多类艺术人才培养目标

学校以培养各门类表演人才为首要任务，以培养编导、设计和创意人才为重要任务，以培养各类传媒从业人才为拓展任务，以培养各类文化普及人才为常规任务。一手抓人才培养的专业素质与创新能力，一手抓人才为社会服务意识和全面素质的提高；根据上海市艺术教育相关政策，大胆创新选拔、培养尖子人才的长效机制，积极探索制定适合各类人才规格与可持续发展的培养模式。

一是话剧影视表演人才要确保上海话剧影视发展的需要，培养更多在全国有影响的尖子人才，为培养音乐剧和歌舞表演人才积累经验，逐步满足上海音乐剧事业发展的需要。二是在昆曲演员培养上持续不断保持全国第一的地位，京剧演员的培养水平要力争一流，地方戏演员的培养将与院团紧密配合进行。三是芭蕾舞女子人才培养保持在全国领先的地位，达到一流水平。加大对男演员的培养力度，创出新水平。四是学校的舞美人才培养历来在全国数一数二，重点是继续扩大舞美专业在全国的影响力，加大艺术设计专业的建设。五是电视主持专业经过多年的奋斗，已经建立原创的独特培养体系，在全国居于领先地位。广播电视编导人才受到电视单位的欢迎，也将继续发展。六是戏剧戏曲理论要不断培养出一流的高级专门人才，特别要大力加强戏曲编剧、戏曲导演、舞蹈编导人才的培养，确保上海文艺院团的需要。七是学校附属的戏曲、舞蹈中专要走在全国重点中专的最前列。八是要建立与戏剧影视等文艺单位对毕业生质量联合考评和联合教学、演出机制，各专业的毕业生就业率要继续保持全市最高水平。

三、办好特殊需求的特色班

为上海培养高水平影视剧创作人才的高级编剧研究班，由上戏和市委宣传部联合主办，自 2005 年开始举办了高等戏剧影视创作班暨同等学力研究生课程班，由来自全国各地的有经验的剧团或创作室骨干和优秀教授担任导师，深受学员欢迎。

为更好地传承并弘扬麒派艺术，由文化部艺术司、中共上海市委宣传部、上海市文广局联合主办，上海文教结合工程推进办公室等承办的周信芳艺术传承研习班，也在上戏戏曲学院开班；上戏戏曲学院和上海昆剧团还联合举办了全国昆曲旦行演员培训班，来自全国各地的优秀青年演员在沈世华、龚世葵、张洵澎、梁谷音、王芝泉、王君惠、顾兆琪等老一辈昆曲艺术家手把手地指导下，学习昆曲经典剧目；戏剧理论家叶长海、戏曲表演艺术家李玉茹、岳美缇、顾兆琳、沈铁梅等则给学员们举办了专题讲座。学员们还观摩了大量演出。专家们指出，上戏将舞台和课堂紧密结合起来培养人才的做法，在全国具有示范效应。

四、驾驭好精品教育的三驾马车

围绕"尖、专、特"人才培养的特色，还要注意相关的"要素"建设，我们称之为"驾驭好三驾马车"。

第一驾马车：艺术创作。艺术创作是学校办学特色和形成社会影响力的亮点。坚持产学研结合，创作更多的好戏，使上戏成为上海的原创人才和原创作品的基地。建立学校艺术创作管理机构，集中学校在各专业领域中创作人才的优势，力争出一至三台优秀作品，在国际、国内各专业类比赛、演出中获得较好名次，使学校在整体上达到艺术创作专业领域的"领头羊"地位。

第二驾马车：学术与科研。争取国家和上海艺术教育和文化发展研究重大项目落地上戏，推动学术与科研工作上台阶、上水平。加强学校研究所的建设，使之成为教学和学科建设的有力支撑，引进校外高级研究人才，注重在科研项目中增加科技含量比重，重视科研项目的成果转换与体现，探索使用先进的科技手段进行学校的教学与管理，依靠科学的进步来支撑与发展学院的未来。

第三驾马车：校园建设。学校要成为"全国一流、国际知名"的艺术学校，校园围绕"典雅精致"的文化氛围布局与建设，要突出文化历史的传承与精巧的风格。坚持每年都有校园面貌的变化，使"艺术的学者"在高品质的艺术氛围中学习艺术。

五、学校院团携手实施精品教育

戏曲学院与上戏附属戏曲学校、上海昆剧团携手合作，率先在昆曲教学中制定了贯通十年的、分阶段的培养方案和教学计划，建立"中专与大学相衔接"的培养链，开拓戏曲从传统中专向高等教育拓展的新路。学员要完成 180 出戏的学习。通过《大唐贵妃》和《诸葛亮招亲》的排演，杨淼等青年演员的社会知名度得到了提高；学生田慧主演《大唐贵妃》后还正式拜梅葆玖先生为师，梅葆玖京剧团要给她排三场戏；通过连续十场的"京剧青春集结展演"，戏曲学院集中推出了 40 多名优秀毕业生，戏校的剧种是建校以来最多的，包括京剧、昆曲、越剧、沪剧、淮剧、滑稽、评弹、木偶等 8 个戏曲专业。学校聘请了淮剧前辈马秀英、武筱凤、顾少春、何长秀，滑稽笑星严顺开、童双春、王双庆、翁双杰，评弹名家陈希安、张振华、杨德麟、张如君等到校传艺，并聘请全国戏曲专家和名师来校授课。

舞蹈学校与上海芭蕾舞团、上海歌舞团签约，贯通中高校团合作，全方位合作、全过程介入合作培养舞蹈人才，舞校高年级优秀学生毕业前到芭蕾舞团、歌舞团实习半年，以增强学生舞台实践。学生毕业须在院团服务五年，文艺院团以奖学金的形式给予支持；舞校特邀芭蕾舞团、歌舞团团长、艺术总监和主要演员来校兼任高级讲师，提升舞校专业教育水平；确定芭蕾舞团、歌舞团为舞校学生演出实习基地。和上海儿童艺术剧院签订了共同培养专业人才的协议，招收了全国第一个儿童歌舞剧表演班。

经过以上经历的上戏各级领导和教师，念及往昔，越来越体会到当时上海的"文教结合"工程"三校合并"战略的正确性。坚持在这条道路上走下去，上戏的办学道路一定会越来越宽，对上海文化大都市建设的贡献会越来越大，上戏在上海乃至全国文化事业建设中的地位和作用也会越来越重要。

第二节　率先建立艺术硕士（MFA）专业学位培养点

一、各方积极支持试点工作

随着"三校合并"各项工作的深入展开，学校的教育任务日益繁重，学科建设以及专业发展急需合理的教学资源配置。其中，扩大研究生名额和教授名额成为学校党委领导的重要工作。受校党委的委托，我把这项工作向市教育科技党委进行了汇报，并且向时任教育部主管高等教育的副部长吴启迪同志汇报。2004 年 8 月，吴启迪副部长和教育司、高教司、科教司和学位办的领导接见了我们，在听取上戏的办学方向、学科建设情况汇报和相关建议要求后，指示高教司、教育司和学位办要把全国艺术类高校艺术硕士（MFA）的培养工作加快提到议事日程上来。指出这项工作不仅是上戏遇到的问题，也是全国高等艺术教育院校将会遇到的问题，可以在全国重点国家级高等艺术院校中进行建立艺术硕士（MFA）专业学位和教育点的试点工作。并根据实际需要，适度扩大教授名额，对于那些长期有艺术教育经验、有学术贡献的教师可以聘为教授，要积极建立个人大师工作室和硕士研究点。不久，教育部同意了上戏的请求，在上海原有教育资源的基础上增加了 50 名艺术硕士的名额，这些名额分别分配给上海音乐学院和上戏，教授名额也相应得到增加。

市委宣传部也十分重视艺术硕士的培养工作，结合"文教结合"工程把它列为文艺影视队伍后备干部的培养环节。遵循考试录用的程序，每年向上戏推荐一批列入文艺后备干部的培养名单，通过考试进入上戏学习深造，增长才干和学识。在第一、二批硕士毕业生中，现在已成为上海各级领导干部和文艺骨干的有上戏附属戏曲学校校长张军、上海市文联副主席、戏剧家协会主席、上海昆剧团团长谷好好、上海演艺中心主任张颂华、上海淮剧团团长龚孝雄、上海京剧院院长单跃进、浙江京剧院院长翁国生等；成为著名主持人的有董卿、何卿、万蒂妮等；成为知名话剧导演的有何念以及一批戏剧界能扛大梁的名角儿、著名表演艺术家。上戏"艺术家的摇篮"的功能在新时期得以不断放大。

关于艺术硕士生的培养和招生问题，也得到了教育部和上海教育部门的大力支持，时任分管教育的上海市政府严隽琪副市长在专题会上专门讲到了这个问题，她指出，关于本科生阶段的招生自主权问题，可以从艺术院校开始突破。在国务院教育部首批批准的艺术硕士（MFA）专业学位教育试点的研究生培养单位先试，搞好招生工作是保证艺术人才脱颖而出的第一关口，可考虑在戏剧影视表导演、舞台美术设计、戏剧影视编剧、艺术管理等 10 个专业方向开展艺术硕士的招生。上戏的这项改革工作是在教育部和市政府的直接关心指导下，首批享受到艺术硕士（MFA）培养的比较大的自主权的高校之一。

二、全国试点取得经验

国务院学位办公室和教育部的全国第一次艺术硕士（MFA）试点院校招生和培养工作会议于 2006 年 4 月 27 日至 29 日在上戏召开。全国首批艺术硕士（MFA）专业学位研究生 2005 年起在 32 个试点院校开始招生，全国 MFA 教指委在上戏召开首次工作交流会议。国务院学位委员会李军副主任、教育部体卫艺司杨贵仁司长、文化部科教司王丰副司长以及全国各试点院校的有关负责人出席会议。艺术单位工作的专业骨干纷纷报考上戏，50 名学员于 2006 年春季入学，作为上戏首届招生的艺术硕士生出现在开学典礼上。除了专业学习外，上戏还为他们开设《马克思主义文艺理论》《艺术导论》等课程，计划用 2 年至 4 年把他们培养成"适应社会、经济、文化和艺术事业发展需要的高层次、应用型专门人才"。

2008 年"首届上海戏剧学院研究生紫藤学术论坛"吸引了包括北京大学、复旦大学、上海交通大学、中国传媒大学、东北财经大学、华东师范大学、上海大学等十多所知名高校在读研究生的参与，内容涉及传播学、新闻学、公共关系学、广播电视艺术学等多个学科领域。上戏艺术硕士生学习情况良好，受到了国务院学位办公室、教育部和市委宣传部的充分肯定。不得不说，上戏在以上方面为推动全国的艺术教育上新层次起到了积极的作用。

艺术硕士专业学位的建立，提升了上戏培养优秀艺术人才的站位点，既加强了"大中专一体化"教育体制的内涵，也得到了上海众多表演艺术团体的青睐，为与社会院团的合作办学提供了更大的可能性。

在取得艺术硕士培养经验的基础上，根据市委宣传部的要求，学校与市委宣传部合办高级编剧硕士研究生课程班以及戏曲、舞蹈导演进修班。包括导演的培训、编舞的培训，艺术院团、剧场经理班；开办服装制作、绘景、灯光、音响师、乐队伴奏等专业班，这在全国还是少有的。

解决了用人和育人"两张皮"的问题，最大限度地提高学生的成材率，打造拔尖队伍。学校和院团共同提出坚持三个标准培养硕士研究生：一是要达到能进入上海一线院团的标准，二是培养苗子要在国内前列，就是要在国内同年龄段演员中名列前茅；三是承柱挑梁，就是要能够在全场演出中担任主角。一个学生的培养倾注了学校和院团多位名师和方方面面付出的巨大心血和劳动。走与院团合办的路子，总体思路是重点学生重点培养，与话剧艺术中心、广电、电影集团、戏曲、舞蹈单位合作，一面到剧团当演员，一面继续读本科，定期召开人才需求会和人才推荐会，为上海文艺、媒体、院团培养接班人。

几年来，到学校任教的专家、教师超过百余位，为学校的研究生教学汇聚了全国最强的教师资源，实施"教授、名家引路计划"。学校根据特殊学科的培养规律，从全国聘请最优秀、最适合的著名艺术家来校为研究生的培养"开小灶"，"名家引路"，建立个性化培养方案和"一戏一聘"的方式，加大扶持力度。应该说，当年上戏在建立艺术硕士点的工作方面是下了大力气、花了大工夫的，对于学校的内涵发展和功能建设起到了重要的推动作用。

第三节　建立上戏创作演出实践基地

实验性演出，是艺术学校的学生直面艺术实践、检验教学成果、丰富演出体验所必须经历的教学阶段。多少年来，上戏在话剧、戏校在京昆和舞校在舞蹈演出方面，始终有着良好的传统。戏剧、戏曲、舞蹈人才不仅是课堂里教出来的，更重要的是在舞台上"演"出来的，是学生必须经历的环节。上台演出也是体现编导演、舞美等各专业综合教育的教学成果。当学生们穿上角色的服装，在特定环境的布景、灯光下行走，当大幕拉开，舞美各岗位根据剧情开始紧张地协同操作，当演员的表演得到台下观众真诚的反应，整台戏的综合效果也就反映了艺术表演的综合教学水平。

一、成立上戏青年艺术剧院

2006 年，在上海市文教结合工程推进办公室等领导机构的推动下，上海青年京昆剧团、上海戏剧学院青年舞蹈团正式挂牌成立。剧团、舞团的定位是紧密结合课堂教学，加强创作和演出实践，努力为京昆和舞蹈事业培养年轻的领军人才。市委副书记殷一璀、市委常委兼宣传部部长王仲伟到场致贺，希望青年京昆剧团真正办成为本市"文教结合工程"、为培养优秀京昆人才搭建的一个平台。剧团的成立，开通了有利于拔尖学生进一步向高层次发展的通道，优秀青年教师舞台实践和艺术深造的通道，重点培养的青年演员担纲主角、脱颖而出的通道和全国优秀青年京昆人才加盟上海京昆事业的通道。

　　上海青年京昆剧团依托上海良好的社会与文化环境，依托上戏丰富的教学积淀，依托戏曲学院和戏曲学校多门类、多学科的综合资源，依托全国京昆名家来校任教的一流师资力量，形成得天独厚的优势。上海青年京昆剧团制定了三年整体学习、实践、演出的计划，以舞台为实训，增加艺术实践机会，每年演出不少于50场，每年组织一至两次赴外省巡回演出，以锻炼队伍，推出新人。计划通过三年时间，青年京昆剧团的尖子演员每人学习掌握大戏一到两台、折子戏六到十出；全体演员学习继承优秀剧目一百五十出以上，并共同完成新创剧目一台。争取在三年之内，培养造就两到三名全国知名的拔尖青年艺术家，六至八名各行当优秀后备人才。上海青年京昆剧团成立以后第一次对外交流的演出任务是赴香港进行"国粹香江校园行"演出交流活动，盛况空前。2008年元月，上海青年京昆剧团带领名家组合及青春组合两台京剧《大唐贵妃》赴京参加国家大剧院开幕演出周的演出，京剧表演艺术家梅葆玖先生与言派名师任德川先生还当场收徒，将传统艺术薪火相传。杨亚男、翁佳慧、田慧、杨扬、蓝天、董洪松、高红梅、陈平一等一批演员及乐队演奏人才茁壮成长，成为当今青年京昆演员中的佼佼者。他们排演了京剧《乌龙院》《杨门女将》《勘玉钏》、昆剧《牡丹亭》（新人版）等剧目，剧团也创排了新编京剧《诸葛亮招亲》。

　　青年舞蹈团积极参与了"荣耀浦江"、全国高校大学生政治思想工作会议演出、"六国首脑峰会"、中外大学校长论坛等重大演出活动。先后与日本、美国、俄罗斯的著名艺术团体跨国合作，排演了多部原创舞剧。舞蹈学院尖子生宋洁主演的《杨贵妃》，主创均由中、日、澳资深人士担纲，上戏多位青年教师任演职工作，舞蹈学院的50余位学生任群舞。该剧进入日本东京涩谷兰花剧院、大阪梅田艺术剧场等主流演艺市场演出，反响热烈，并参加了上海世博会的演出。青年舞蹈团参与打造、由前日本驻华大使中江先生编剧完成了芭蕾舞剧《鹊桥》，该剧请来了世界一流芭蕾舞团首席谭元元、马林斯基剧院芭蕾舞团首席阿丽娜·索莫娃和雷奥尼多·撒拉法诺夫、日本国家艺术院芭蕾舞团首席依阿罗斯拉夫·撒连格和原岛里会等，并由欧洲顶尖舞台设计团队加盟。和这些国际顶尖艺术家的合作，对这些年轻人既能锻炼其专业能力，又能拓宽其专业视野，使他们把世界一流的艺术水准作为自己的前进方向。

继上海青年京昆剧团、上海戏剧学院青年舞蹈团成立之后，上戏青年话剧团也相继成立，三个青年团组合成上海戏剧学院青年艺术剧院，在社会上引起了强烈的反响。

二、上戏天天有戏看

"十一五"期间，上戏依托创作演出基地，通过学院创作中心与演出中心的努力，着重抓好创作演出，特别是原创剧目的创作演出与毕业公演。

上海国际小剧场戏剧展演，每年都有美国、法国、日本等国家和我国香港、澳门、深圳等地区的小剧场剧目参加展演，参演剧目中有运用多媒体技术进行戏剧呈现的剧目，也有纯肢体语言的戏剧实验，又有近年新兴的 HIP-HOP 戏剧。展演期间还进行工作坊、戏剧研讨会、图片展览、演讲等多项学术活动。小剧场戏剧展演不仅为国际国内同行间的艺术交流、学习和学术研究讨论创造了良好的氛围，也对当代的实验戏剧进行探索并以话剧这种艺术形式对历史和现实进行深入的思考，强调学术研究与演出实践两头并举。

上戏创意论坛不仅有余秋雨教授的讲座，还请来了著名音乐家谭盾先生，电视主持艺术论坛则请来了央视和上视的著名主持人。

上戏成立了艺术创作中心，在一年间就组织全校师生创作了近 70 个剧本，新剧本朗读会逐渐成为学校的品牌活动，遵循了"注重原创""出人出戏"的原则，每年遴选十个风格多样的剧目参加朗读，这也是检验上戏教学、科研与创作的一个重要窗口。学校艺术创作中心好比艺术文本孵化器。师生有了好本子，组织文艺界人士来号脉。新剧本朗读会热闹非常，为"剧本荒"所困扰的各地院团当家人从北京、天津、广州、哈尔滨等地纷纷赶来，现场挤满了"觅宝人"。江苏演艺集团的同志评价剧本朗读会注重原创，注重市场。他们认为新作题材丰富、样式新颖，如《英特耐雄奈尔》描摹共产党人如何在新经济组织中发挥作用；《1945 年之后》表现反法西斯战争遗留的问题；根据古希腊名著改编的《明月与明珠》融入了中国古典戏曲的元素；而《山里山外》则是一出反映生活中前进与倒退冲突的寓言剧。称赞这些作品的创作，通过与院团的零距离接触，有效提高了作品的存活率。上戏新剧本朗读会推介的《天堂的风铃》，现已成功被推向舞台，深受各高校欢迎，巡演不断，反响热烈。

大学生心理问题，是大学教育十分重要的工作，牵涉到社会和家庭的方方面面。剧作者孙祖平老师了解了当今社会存在的不少年轻人的心理问题，深感部分青年的自私、脆弱、缺乏爱心和责任感，严重地扭曲了一代人的人格，要像上戏当年创作"年轻的一代"一样，用舞台作品唤醒人们对于真、善、美精神世界的向往，冲击青年人的心灵。《天堂的风铃》的话剧剧本就这样应运而生。几经舞台打磨和加工，该剧搬上舞台后受到了社会的肯定和观众的欢迎，尤其是在校学生的热捧。孙祖平老师说："舞台上的谭小月出于嫉妒的心理，冒同学之名给名牌大学写信，造成了该大学拒录的不良后果。此类故事，还能辐射到当时的职场现象，一些'白领、骨干、精英'云集的企业，为一个工作岗位的竞争，或妒忌同辈人的升职，无中生有，行为不轨。每次听年轻朋友说起这些妖孽的怪事，我在震惊之余，也希望正义和正气能早日回到我们的社会，我们那些心灵受到扭曲的年轻人，能像话剧中的谭小月那样，碰上心怀慈悲的良师，为孩子们奏响'天堂的风铃'。"

校园生活是走向社会的前站，很多心理问题，并非到了高校才会出现。社会上对竞争的过度渲染，对财富和地位的过分推崇，引发了普遍的焦虑症和人际关系的紧张。种种似是而非的标准，所谓成功者的光环，使人们再也分不清是非曲直，越来越偏离生活的本质。孩子们自然就不甘心做一个普通劳动者，更不知道如何去做一个幸福的人。"天堂的风铃"是在为所有人奏响：即便你不能出类拔萃，只要肯勤勤恳恳工作、快快乐乐生活，你就能听见优美的铃声。《天堂的风铃》台上演员不多，台上几张凳子，舞美设计以灯光变化为特色，营造不同的场景气氛，故事就开讲了，一上演就引起了普遍的关注，这样的形式很适合在校园演出，媒体争相报道。这出戏当时被十多所上海高校邀请演出，并被邀请去北大、清华、人大、中戏等高校巡演。

三、大中学生和社会实践平台

上海大学生戏剧艺术实践基地在市教委的指导下，率先在上戏揭牌。挂牌成立以来，配合"美育"教育，举办了上海高校系统的上海大学生戏剧艺术培训班，为上海高校培养戏剧骨干人才，集中了本市近二十所高校的一批戏剧骨干和爱好者（包括教师和学生工作人员），依托"高雅艺术进校园"的展演平台，拓展大学生戏剧艺术实践基地和舞蹈艺术实践基地的发展空间，活跃校园文化生活，也为学校尖子人才子提供广阔的实践机会。基地承担了在东方电视台转播大厅举行的"感动岁月——2004年庆祝第20届教师节主题活动"。上海市高校十大艺术实践基地代表汇集上戏，包括复旦大学（合唱艺术基地）、交通大学（交响乐艺术基地）、同济大学（戏曲艺术基地）、华东师范大学（舞蹈艺术基地）、东华大学（服装艺术基地）、上戏（戏剧艺术基地）、上海音乐学院（音乐艺术基地）、上海财经大学（民乐艺术基地）、上海师范大学（电影艺术基地）、上海体育学院（武术基地）。连续四年开设了上海大学生戏剧艺术实践基地培训班，对全市 20 多名高校戏剧艺术方面的骨干分子进行了表、导、写方面的培训。基地还参加了教育部"全国辅导员工作会议专场晚会暨上海市大学生十大艺术实践基地节目展演",与来自复旦、交大等十多所高校的师生一起完成了"青春放歌"的主题演出,和"不辱使命——2006 年庆祝第 22 届教师节"主题活动任务。

与重点中学联谊、争取好的生源是上戏的传统,学校与来自复兴中学、进才中学、格致中学、上外附属大镜中学、杨浦高级中学、市三女中、上师大二附中、松江二中、金山中学等 25 所市重点中学的校长与教导主任建立了联谊会机制。

上戏连续七年与徐汇、静安、闵行、长宁区以及上海市群众艺术馆进行对口共建文明单位的活动,签订"文化指导员"进小区协议。文化志愿者在暑假深入广西、江西、浙江等地的乡镇开展文化下乡活动,多次到敬老院、部队,为老人及官兵送上精彩的演出。上戏文化志愿者参与 APEC 会议、国际艺术节、体博会、大运会、国际小剧场戏剧展演等大型活动的志愿服务工作。

"三校合并"和"文教结合"工程的实施,把艺术的校门向社会的大门大大地打开了。学校一手坚持"精英式"课堂教育,一手维系着剧团与舞台实践,一手坚持"教学、创作、实践"的模式,一手走进社会的实践大舞台,让艺术殿堂之花同时在公共文化的普及中开放。上戏产生了社会活力,加深了新的内涵建设。

第四章

建设戏剧大道

今天，随着演艺事业的日益繁荣，上海文艺演出新人新品辈出，市场活跃。演艺大世界、静安戏剧谷、衡复文化地区音乐带……集聚了上海文化资源和要素，带动了文化大都市"文、旅、商"的时尚风貌。公共文化面貌一新，不断地满足人们日益增长的精神需求。作为一个老文艺工作者和教育工作者，在羡慕和称赞今天的文化繁荣景象的同时，也自然地回忆起二十年前，我们曾经的努力和经历的岁月——建设上海"戏剧大道"。

第一节　项目由来和计划任务

上戏的华山路校区不大，南北大门一头向着延安路，一头连着华山路。向北就是上海市文联所在地，再向西就到了百乐门和美琪大戏院，向南就是儿童艺术剧院，毗邻安福路就是上海青年话剧团和上海人民艺术剧院（现为上海话剧艺术中心）。这个上海历史上形成的"上只角"地段原本就引人注目，在这里，空气中都飘浮着戏剧的气息。从延安西路到华山路，再转弯到安福路，几千米的路段，有戏剧艺术院团、艺术高校。自上海有话剧的历史至今，几十年来，几代话剧人集聚和居住在这一区域。方寸之地集聚了戏剧发展所必需的生产要素、人才要素，还有什么地方能有这样独特的戏剧生态环境？

2004 年，上海正式启动"戏剧大道"项目——沿华山路及其周边约1.5 平方千米的区域内，建设华东地区最为集中的演出中心的创意浮出水面。

"戏剧大道"地处上海市人民政府划定的著名的"衡山路—复兴西路"历史文化风貌保护区内：北起延安西路，经过华山路和长乐路，南至安福路；其东西两翼分别是乌鲁木齐中路和镇宁路、武康路。这一街区跨越静安、徐汇两区，毗邻长宁区。该地区拥有丰富的文化资源：集聚着在国内外享有盛誉的文化艺术院团，散落着近 10 个中小型剧场，以及相当数量的现代优秀建筑和历史文化名人居所，如：巴金、黄佐临、熊佛西、周璇、徐志摩等。

夜晚，漫步在映于梧桐树影的马路，可以去中国福利会儿童艺术剧院的马兰花排演厅欣赏一场经典的儿童剧《马兰花》。或者，踱到儿艺对面的上戏，到实验剧院看一出上海昆剧团的《牡丹亭》。从上戏向西 200 米，拐进一条更安静的小马路，就到了上海话剧艺术中心。在这里，既能看到《长恨歌》《金锁记》等具有浓郁海派风格的话剧，也可以和先锋荒诞剧来一次亲密接触。这样厚重的"海派戏剧"的文脉，就是"戏剧大道"概念形成的原因和由来。

这是一颗颗闪光的珍珠，每一颗珠子都是由一代代戏剧人历经艰难和奋斗打磨而成。时代的发展需要用金色的链子把绚美的珍珠串起来，串成艳丽的项链，镶嵌在海派文化的名片上，献给上海的市民，也献给传承戏剧事业的耕耘者。这条项链的名称，就叫"戏剧大道"。

计划中的"戏剧大道"，通过资源的整合和配置，在华山路和安福路之间开辟戏剧大道步行街，以此为中轴线，沿线构筑包括 1 个露天剧场、2 个大型的专业（话剧和音乐剧）剧院以及 10 个小剧场的"西区演艺中心"；

建设 1 个戏剧绿地和 5 个戏剧类博物馆以及 12 个曾居住在此的文化名人纪念馆（地）。建成以高等艺术院校、专业艺术院团为基地，以戏剧演出为核心的聚集地和具有"高品质、高品位"的文化休闲区。同时兴起一批以戏剧为特征的文化类商品和餐饮业、旅店。使这一地区成为戏剧文化景观街区，形成艺术家和戏剧青年集聚的人才"气场"。推动创意基地的建设，更有利于学院的出戏、出人、出品牌。

直到今天，戏剧大道建设历程我记忆犹新。2004 年，上海市主管部门经过广泛调研，集中各方智慧，形成了《上海戏剧大道总体规划》，并被纳入上海市设施总体规划。在召开的第一次全市性的文化工作会议上，明确提出打造城市文化走廊，东起世纪大道，中心是人民广场，西抵戏剧大道。由此，上海戏剧大道作为上海文化建设的重要一极开始起步。作为体现戏剧大道核心价值这个"项链"，设想以"启、承、转、合"四个主题，形成一纵一横的"T"字形区域结构：启，从乌鲁木齐路口开始，到华山医院后花园的位置。这段路是戏剧大道的进口，包含了入口水幕广场、游人签名墙、多媒体艺术墙以及车行掉头环形道；承，从华山医院后花园到枕流公寓段，这是戏剧大道的中心区域，包括上戏实验剧院、戏剧大道广场、票务中心、创意产业园区、中国戏剧博物馆等；转，是"T"字形结构的一纵，从华山路中福会儿童艺术剧院起，辟通一条休闲街，直达长乐路现在的上海市计量研究院地块，南接话剧艺术中心的北翼，沿线包括宋庆龄儿童艺术剧院、中福会儿艺小剧场、露天戏剧广场、原创话剧剧场群、儿童戏剧博物馆等；合，自华山路枕流公寓起至镇宁路，这是戏剧大道收尾的部分，包括戏剧主题商店、实验性小剧场和戏剧之光碑等。

第二节　紧锣密鼓的建设过程

一、项目任务与功能

2004 年 2 月 26 日，上戏、中国福利会和上海市静安区人民政府三家单位共同组建"推进上海戏剧大道建设工作委员会"。三方签署了《上海戏剧大道建设联合推进书》和《联合建设戏剧大道工作备忘录》，力争将戏剧大道建设成为中国戏剧的教学中心之一、中外戏剧精品的交流中心之一、戏剧新品的创作中心之一、戏剧大师的汇集中心之一、戏剧产业的创意中心之一。该项目办公室设在静安区人民政府文化局，具体负责规划和设计，组织专家论证，吸引多元投资，并根据规划实施建设等。3 月中旬，上戏、静安区人民政府等单位联合举行了戏剧大道第一次工作会议。4 月，上戏率先发出倡议成立戏剧大道演出联盟的建议。这一提议立即得到了周边区域的多家单位的积极响应，并一致同意戏剧大道的软件建设目标，联合筹建。

戏剧大道的具体建设任务，一是形成上海最具创新特色的演出中心之一，二是形成上海最具文化历史及人文气息的街区之一，三是形成上海最具文艺学术氛围以及艺术人才汇聚的基地之一。

戏剧大道的功能是：培养人才和打造新品的"实验室"功能，繁荣文艺的互补和集聚功能，普及与振兴戏剧文化的功能。

戏剧大道的软件建设目标可以概括为：一二三四十百千万。即成立一个联盟机构，两手抓精品工程和原创工程，三种不同体制的单位合作（政府、艺术高校、演出院团），每年组织四个演出季节，盘活十个剧场，推出一百台剧目，上演一千场演出，吸引十万观众。

为实现这一目标，要实现"五个整合与共享"：所在区域的人才资源的整合与共享，剧目资源的整合与共享，硬件设施的整合与共享，宣传与票务的整合与共享，以及推广新人的整合与共享。根据上海文化发展规划，对地域性历史及当下的文化艺术资源进行整合与产学研结合工作。一旦戏剧大道建设初具规模，将成为以高等艺术院校、专业艺术院团为基地，以戏剧演出业为核心的文化产业聚集地和具有"高品质、高品位"的文化休闲区，成为上海作为世界级国际大都会的标志性品牌。

市领导高度重视戏剧大道项目的建设，认为这一地区基础条件好，戏剧产学研配套成体系，要进一步整合优势、市区合作、树立品牌、发挥特色、聚集人气。加强戏剧内容产业的创新与发展，推动扩大社会影响。衷心希望在功能上、种类上、数量上、规模上、规格上符合面向新时代戏剧事业发展的需要，来推动人才的集聚，推动原创作品在这里的诞生。领导的重要指示为戏剧大道建设起了极大的推动作用。

二、戏剧大道演出联盟

2004年10月21日下午，"戏剧大道演出联盟"揭牌仪式在上戏小剧场举行，时任市委常委、宣传部部长王仲伟，市府副秘书长薛沛建，市科教党委，静安区人民政府和有关创建单位领导、艺术家代表、师生代表二百余人出席了仪式，市领导为演出联盟揭牌。这一天距离戏剧大道建设工作委员会第一次会议将近8个月。8个月的日日夜夜，凝聚了太多人的心血和汗水。当红布被揭开的刹那，所有人的心沸腾了。"戏剧大道演出联盟"的大字在金色招牌的映照下光彩夺目。11位领导和联盟成员见证了演出联盟宣言的签署，著名演员焦晃代表艺术家讲话。"面对曾无数次站过的地方，几十年的回忆犹如眼前，而今硬件设施已逐步完善，软件培养迫在眉睫。"静安区区长姜亚新对戏剧大道工程由意向性合作转为实际性合作表示了赞赏，科教党委副书记俞国生代表党委、教委表示祝贺。市委常委、宣传部部长王仲伟最后发言，希望"戏剧大道"能走在社会主义先进文化的前列，期待大师与大作，并祝贺戏剧大道演出联盟诞生！祝愿联盟为中国话剧乃至文化事业作出新的贡献，期待着梦想中的未来。

上戏、静安区文化局、上海话剧艺术中心、徐汇区文化局、中国福利会儿童艺术剧院五家发起单位签署了戏剧大道演出联盟宣言。宣言中写道："我们自愿实行联合，愿意遵守《戏剧大道演出联盟章程》中的各项规定，在创作策划、演出、制作、营销、宣传、资本运作等诸方面，发挥各自优势。通过共同规范行为，整合资源、统一形象、互为代理、统一计划、协调机构、形成规模，为进一步繁荣上海的演出市场作出我们的努力。"

市委、市政府有关领导很快作出了加快戏剧大道的建设的指示。在市委宣传部，市发展和改革委，市教委，市规划局，静安区委、区政府以及其他相关部门的共同支持下，戏剧大道的建设工作进展顺利。作为戏剧大道的核心剧场，上戏实验剧院改扩建工程下半年开工，于 2005 年 6 月竣工。中福会儿童艺术剧院的"马兰花剧场"如期竣工。上海戏剧大道已有话剧中心的艺术剧院、戏剧沙龙、D6 空间，中福会儿艺的马兰花排演厅，上戏的实验剧院、新实验空间、小剧场、黑匣子等 8 个剧场，开始了实质性的演出运作。沿华山路的 600 号楼、620 号楼与华景大厦楼沿街约 150 米，构建一个文化创意园区，国际著名创意大师"霍金斯工作室""上海知识产权交易平台""光辉软件""泰安电脑科技"等国内外知名的文化创意公司将入驻，使该园区成为上海乃至全国具有示范性的文化创意园。戏剧大道积极寻找和营造上海文化的"硅谷效应"。初显端倪的戏剧大道，也会把上戏的人才培养和打造文艺新品推向一个新的发展阶段。

戏剧大道演出联盟建立后，随即着力以下工作：

一是与美琪演出经纪公司合作成立了上戏演艺中心。

这是艺术高校首次与文艺单位全方位的紧密合作，是对学校"产学研"一体化办学思路的体制探索，是学校办学模式的调整与转变。演艺中心的诞生与学校先前成立的创作中心，共同为繁荣学校的文艺创作注入了活力，对繁荣戏剧大道的演出，共同培育艺术人才进行了一次尝试。

二是加强了原创作品的创作演出。

上海话剧艺术中心陆续推出《李亚子》《狂雪》《终局》《良辰美景》《倾城之恋》《乌鸦与麻雀》《简·爱》《琴海丹心》《偷心》《安娜在热带》《弗兰琪与乔尼》《蛋白质女孩》《原罪》等相当数量的话剧。中福会儿艺在今年已经推出了《夜莺》《丑公主》《兔子与枪》《平平安安》等儿童剧剧目。据统计，2004 年戏剧大道演出联盟完成的演出剧目有 91 个，其中新创剧目 58 台，观众达 24 万人次。2003 年完成演出 996 场，比 2002 年增加 24.5%。

三是初步尝试合作开展节庆活动。

2005 年为纪念反法西斯战争胜利 60 周年、中国电影诞生 100 周年、安徒生诞生 200 周年和上戏成立 60 周年、上海话剧中心成立 60 周年等重大节庆活动，展开系列活动，通过季度活动与月度讲座相结合，同时配合其他演出单位的演出，初步形成戏剧大道的演出声势。共同举办了国际儿童戏剧展演、上海国际小剧场戏剧展演、上海大学生戏剧节等活动，还邀请了斯琴高娃、孟京辉、伊能静、陆川和瑞典著名剧作家、美国百老汇音乐剧制作人、托尼奖获得者等来沪举办各类中外艺术讲座，以提高戏剧大道的文化品位。演出联盟还联合创作排演了不同风格样式的剧目，如《Email 来自浦东》《伊兰上海寻亲记》《马兰花》和《红星照耀中国》等，充分展示了戏剧大道建设对学校教学演出和"出人出戏"的推动作用。

四是扩大宣传和国际交流。

演出联盟每月印发《戏剧大道报》2 500 份，出版发行了十期，发放对象包括有关领导、委办局、各联盟单位及戏剧观众，该报成为联系联盟单位、互通信息和宣传戏剧大道进展的有力工具。戏剧大道各类活动的开展吸引了众多海外文化机构的关注。美国百老汇倪德伦环球娱乐公司总裁先后3次造访上戏，对戏剧大道表现出浓厚的兴趣。曾成功将音乐剧《剧院魅影》和《猫》引进中国的英国太平洋先行公司也主动提出为戏剧大道做演出方案，表示愿意联手举办世界性的文化艺术节。北京国家大剧院有关部门联合美国的设计公司一起考察了上海戏剧大道。美国音乐剧《公司马戏团》制作人和上戏演艺中心洽谈美国音乐剧在中国本土化演出的事宜。意大利还建议在戏剧大道内共同成立意大利文化研究机构。

三、戏剧大道与上戏

上戏为了有力推进戏剧大道项目的展开，成立了由党委书记负责的领导小组，并由副院长分别牵头相关的软件建设和硬件建设，设立项目办公室，负责组织协调、统筹联络。学校围绕戏剧大道项目的具体内容，提出"以软件建设带硬件建设，以功能带形态"工作原则。

上戏既是"戏剧大道"的主要倡导者，又是项目建设的得益者，借着戏剧大道打造的机遇，学校决定把原来"教学、创作、实践"三个教学环节拓展到"创作、理论、教学、演出、营销"五个环节，成立了易卜生研究室，戏曲学院将易卜生的《培尔·金特》改编成京剧演出。学校举办的"教学演出月"，第一次组织营销队伍，到社会上向观众推销戏票。话剧观众渐渐知道：上戏不仅有无数"准明星"，还有精彩的演出可以欣赏。随着戏剧大道演出联盟的成立，上戏借助话剧中心、儿艺等较成熟的票务运营机构，把学校的精彩演出推向社会和市场。师生的积极性被调动起来，"02工作室""周可工作室"等话剧创作的工作室纷纷运作起来。事后的调研表明，有9成以上的师生认为"以实践为主"的教学模式"拓展了我们活动的空间"。上戏一年演出200场，这在以往简直是难以想象的。

为庆祝建党85周年，师生深入生活，创排了6台54个小品参加展演。首批戏曲导演本科班先后创作了各类小品126个，演出20余场，原创话剧

《山里山外》、青春京剧《墙头马上》、传统京剧《清风亭》等，都赢得了广泛赞誉。其中，原创话剧《天堂的风铃》在上海 17 所高校巡演 38 场，赴广东参加亚洲艺术节，后又赴北大、清华、人大、中戏演出，均受好评。上戏《天堂的风铃》和话剧中心《长恨歌》还双双获得上海市新剧目评比一等奖。我和荣广润院长邀请上海市文广局党委书记陈燮君、局长穆端正、市文联党组书记周渝生及有关职能处室负责人来校访问。在双方会晤中，上戏领导介绍并通报建设"戏剧大道"的设想和工作进展情况，得到了市文广局和市文联领导的赞许和支持。

第三节　国际戏剧大师雕塑长廊

一、向国际友城征集名人雕像

让世界上享有盛誉的三十多个中外戏剧大师的雕塑形成一条艺术长廊，分布在整条戏剧大道两边，为戏剧大道的城市公共视觉带来标志性的城市形象。这曾经是建设戏剧大道的又一"梦想"。为了把梦想变为现实，我拜访了市外办和市友协的领导，谁料到这一设想得到了市外办李铭俊书记和市友协领导汪小澍的当场肯定和支持。"我们把这项工作作为 2005 年的重要工作。"市外办领导表态。2005 年 3 月，"中外戏剧大师雕塑长廊"项目接连启动。上海戏剧大道办公室通过向社会公开征集意见和选票的形式，最终确定了 34 位国内外戏剧大师名单。其中 20 位国外戏剧艺术大师名单如下：埃斯库罗斯（希腊）、阿里斯托芬（希腊）、迦梨陀娑（印度）、莎士比亚（英国）、莫里哀（法国）、哥尔多尼（意大利）、歌德（德国）、席勒（德国）、果戈理（俄罗斯、乌克兰）、梅宁根公爵（德国）、易卜生（挪威）、萧伯纳（爱尔兰）、契诃夫（俄罗斯）、斯坦尼斯拉夫斯基（俄罗斯）、克雷格（英国）、奥尼尔（美国）、布莱希特（德国）、劳伦斯·奥立佛（英国）、贝克特（爱尔兰）、萨特（法国）；中国戏剧艺术大师的名单包括：关汉卿、汤显祖、李叔同、梅兰芳、曹禺、任德耀、洪琛、老舍、黄佐临、夏衍、熊佛西、周信芳、郭沫若和于伶。

戏剧大师名单确认后，"推进戏剧大道建设工作委员会"向上海市人民政府外事办公室请示，市外办决定向国外友好城市征集以上戏剧大师的雕像。这期间的工作是十分艰辛的。

上海市政府外办、市友协启动了此项目立项工作并做了具体分工，把每个雕像的征集任务落实到各有关处室，明确了分管的联络员，成立了十多个团队，与国外艺术大师所在的城市政府和友好组织进行联系，以多种方式向国外友好城市和有关机构征集国外戏剧大师的雕像。考虑到戏剧大道的形态尚在建设中，先期将雕像暂放置在上戏校园中。意大利驻沪总领事馆对上海戏剧大道项目和引进意大利戏剧大师哥尔多尼雕像非常积极，尤其是意大利驻上海总领事馆文化处负责人倪波路对此事更为热心，不仅积极推动雕像的引进工作，而且还设计了戏剧大师雕像的底座。印度驻沪总领事馆对印度迦梨陀娑雕像的引进也非常积极，表示力争使其在 2006 年"中印友好年"期间落户上海。

二、九座大师雕像落户上戏校园

经过多方努力，由印度政府捐赠的古代印度最杰出的戏剧家迦梨陀娑的青铜雕像率先于 2006 年 6 月 17 日运抵上海，9 月 7 日在上海戏剧大道举行了落成仪式。意大利哥尔多尼的雕像于是年 10 月 25 日落成。接着，法国戏剧大师雨果的雕像、挪威戏剧大师易卜生的雕像、意大利戏剧大师皮兰德娄的雕像也于 2007 年相继落成。此外还有德国、希腊、英国、俄罗斯等国家的名人雕像所在的城市在积极准备中。

市人大常委会副主任周慕尧、上海市人民对外友好协会、意大利政府驻上海总领事馆、静安区人民政府以及中国福利会等主办单位领导分别出席参加了每场揭幕仪式。上述雕像均由各国驻沪总领事馆代表该国政府和与上海建立的友好城市无偿赠给戏剧大道，这在国内也是首创。不仅反映了戏剧大道建设项目在各国产生的积极影响，还充分展现了该项目已成为上海国际大都市连接各国艺术交流与友谊的纽带。两年间，古代印度最杰出的戏剧家迦梨陀娑，意大利 18 世纪启蒙时期喜剧作家哥尔多尼，挪威戏剧大师易卜生，德国 20 世纪戏剧大师、史诗戏剧和体现派戏剧的创始人布莱希特，德国文学巨匠歌德，法国文学巨匠、浪漫派戏剧大师雨果，法国 17 世纪著名戏剧家和活动家、喜剧大师莫里哀，美国戏剧之父奥尼尔，俄罗斯和乌克兰伟大的作家、剧作家、小说家果戈理，这九座国外戏剧大师的雕像先后落户到上戏校园，成为一道靓丽的风景线。雕像的作者分别是印度的罗宾·大卫、中国的盛宗毅、挪威的佩尔·翁、德国的费里茨·克雷默、德国的兰福特艺术铸造工坊、法国的娜赛拉·凯努、旅居巴黎的秘鲁艺术家马丁·萨拉扎尔、美国的乔恩·海尔、乌克兰的亚历山大·鲁班。负责各个雕像的联络员分别是薛红雁、徐艳、林晓盈、黄莺如、张云蕾、杨冰一、吴兴宝、韩明昱、宋哲敏、李舒。

　　写到这里，我不得不提及市外办和友城处以及市友协的辛勤工作的同志们，我并不熟悉他们，只知道他们在艰苦地工作，做了大量的外事外交工作。联系艺术大师所涉及的友好城市的市长、工作人员和创作雕像的艺术家，能使这些城市的艺术家用出色的创作完成自己国家著名戏剧大师的雕像，并一次一尊地用飞机把雕像运抵上海，运至上戏。这是何等出色的外事工作的能级！当每一座雕像安放到位、被揭开帷幕的瞬间，我的脑海中都会浮现出许许多多人的身影和一个又一个的故事，我多想写写这一个个戏剧名人和关于一座座艺术雕塑的故事，让他们得以流传。

　　今天上戏的学子们，当你们每每在这所美丽的校园里散步，经过这些大师雕像身边的时候，请冥想一下这些戏剧大师的价值，留心去了解那些曾经存在而又渐渐远去的故事，"戏剧大道"就将永远在你的身边。

在第一期工程的主要项目完成以后，戏剧大道将计划重点进行第二阶段的建设，包括宋庆龄儿童艺术剧院及地下配套停车库、长乐路计量研究院地块和华山路二小地块两个剧场群的置换和建设，以及争取市有关部门的支持，完成华山路交通线路的调整，并继续完成中外戏剧大师雕塑工程。这将是戏剧大道建设的成熟期，戏剧大道将完成步行街的整体动迁和改造，包括两个博物馆和剧场群在内的基础设施建设将完成并形成良好的市场运作模式，戏剧大师长廊也将完成最终建设。到那时，上海戏剧大道一定会成为上海文化的新高地和旅游休闲的新地标。

戏剧大道建设既是个长期的工作，也是全局性的工作，需要协调的方面多。如果这一项目坚持做下去，一张蓝图画到底，上海中心城区一个新的文化建设与演出的热点板块将由此形成。可喜的是，上海市外办和市友协对于塑造上海国际大都市的国际形象、城市精神和引进和建造世界名人、艺术家雕像的工作始终没有停止。历经数年，遍布上海公共场所的外国名人雕像已达 165 座，倾力彰显了"开放、创新、包容"的城市品格。

一个曾经创新观念和突破体制藩篱的项目，一个整合高等艺术院校、专业艺术院团的优质演艺资源，一个以区域文化创意发展为特色的"东方百老汇"项目曾经在申城崛起，这恐怕是"戏剧大道"项目最可贵之处。

第五章

上海市多媒体演艺虚拟空间合成实验室

　　像上戏这样的综合性艺术教育学府，不但应传承专业的教学方式，还肩负着科研任务。上戏的学术研究成果丰硕，对中国的戏剧表演艺术贡献巨大，在国内和国际的同行中名列前茅。随着时代的进步和信息化技术的发展，人们也感受到科学技术为艺术教育和创作、为创新表现方式提供了可能性。可能是我多年在市信息化办公室分管信息应用推广领域的缘故，对于推动网络化和数字化技术在文化艺术创作领域的应用，怀着特殊的敏感性。艺术创作的全过程，能否结合信息技术来实现？一旦实现，艺术教育也会出现一个新的局面。在 20 世纪 20 年代初期，这样的想法可能属于"乌托邦"，因为艺术创作涉及的行当太多，艺术感觉的个性化程度太高，创作的非定量性和工程设计的逻辑性整合难度很大，跨学科知识结构要求高，两者之间要相融合，实在是个"吃螃蟹"的活。但是，信息化（现在可以俗称数字化）是一个时代发展的大趋势，虚拟技术的使用必将体现在表演艺术领域，在人文和艺术表现领域一旦实现融合，将会为视觉艺术领域的信息技术应用开辟广阔的空间。上海的信息化是走在全国前列的，当时上海又面临举办 2010 年世博会，虚拟技术一定会有广泛的应用需求。在这件事上，要有敢为人先、啃硬骨头的勇气和魄力。我有整合组织协调推进上海社会保障卡工程、上海交通卡联合使用工程、上海电子政务联合办公、一网式服务的组织协调经验，也懂得戏剧创作的生产规律，这是我下决心要在上戏开展在大型艺术活动中应用虚拟技术研究的经验支撑和专业保障。

第一节　上海市第一个文科重点实验室的诞生

舞台剧或大型活动最头疼的就是排练、合成，因为编剧、导演真正的想法只在他们脑子里，演员、舞美、灯光、服装等人员不得不反复揣摩，只有到现场联排时，才能看出一二。即便正式走台，仍会冒出一大堆问题，还常要返工，至少有三分之一的财力、人力、物力会浪费，如果效果不好，舞台布景使用一次就会报废。有没有办法在创作之初就能看到预期的效果，这是虚拟技术用于舞台戏剧活动创作的初衷。在市科委、市教委的支持下以及校党政班子的认可下，我们调动和选拔了校内外的精兵强将，设定了假想性目标：通过电脑联网，制造一个虚拟舞台环境，无须真人实战，点点鼠标，让逼真的模拟创作思维效果直接呈现出来。就这样，经过近半年多的艰苦努力，上海市第一个文科重点实验室——"多媒体演艺虚拟空间合成重点实验室"项目方案应运而生。

这个项目于 2004 年 12 月在市科委组织的专家论证会上获得通过，上海市科委批准建立。它瞄准新媒体技术发展的趋势，整合艺术与技术信息资源，把大型演艺活动和戏剧舞台创作所要的各类要素，包括场景、人物、灯光、道具、服装、音乐、特技等元素综合起来，构建了一个虚拟的演艺创作的合成环境。在电脑里"画"一个舞台，包罗所有的布景、灯光、角色，让戏剧在虚拟世界上演。有了数字化技术的帮助，就可以制作出一台数码舞台剧。利用数字化技术的创作和排演，展现演出的综合视觉效果，最后再搬上现实的舞台。大导演们只要点一点鼠标，摇一摇方向杆，就能排出一台好戏。

上海市科委和上戏共同投资 800 万元的"虚拟实验室"开始了第一期的研发和建设，实验室的人不多，8 位二十七八岁的理工科院校青年专家加入了上戏的文艺人团队。都是跨界高手，有几个在国内相关技术领域能排进前二十名。经过一年多的攻关，一套完全由上戏人自行设计的专用虚拟排演软件（VIRP）诞生了。

走进上戏图书馆三楼，坐落着上海首个文化与科技结合的重点实验室，在这个圆形的实验室里，一块 3 米×9 米的大屏幕立于墙边，屏幕前的环状座椅上所有演职人员可在一起讨论演出的每一细节。有趣的是，每个座位上还有一个鼠标或一把电脑飞行游戏的摇杆。屏幕虽然只有 27 平方米，但虚拟的舞台大小可任意变化，排演的过程还有点像玩游戏。打开实验室后台的 VIRP 软件，不一会儿大屏幕上就出现了电脑虚拟的浦江两岸夜景：华灯璀璨，聚光灯不断摇曳和变化着色彩。忽然，动感的音乐响起，黄浦江上升起了一朵荷花苞，徐徐展开花瓣，盛开成一朵荷花，一个水上舞台呈现其中。视角一下子从台下的观众席"飞"上了天空，变成了一个俯瞰镜头；再转转滚轮，观众又仿佛钻到了江水底下——这就是黄浦江上"水上舞台"演出的模拟试验版。舞台尽管虚拟，但目标是尽可能仿真。静态的布景简单，难在动态：我们做到了数据库里选演员，几十位虚拟舞蹈演员排出方阵，男女歌手从舞台中央升起，边唱边跳。操纵座位上的摇杆，画面视角也跟着动起来，仿佛坐在直升机上，从鸟瞰的高度直冲下去，舞台顿时被放大了。再点点鼠标，舞台上的道具、男女歌手的表情、动作、服装都变化了起来。感觉大理石柱不好看，换成木头材质；女歌手走路的路线换一下，从柱子的后端绕到前台；就连舞蹈演员们的队形也有十多种选择。

虚拟现实技术突破了两个不可能：一是灯光，二是动作。依据当时的技术条件，"控制 8 盏灯"在当年是虚拟现实技术的极限，其他只能事先画上去，很难做到即时互动。可为了营造氛围，舞台灯有时多达 100 盏。灯光难，肢体语言更复杂。3D的游戏人物不过二三十个动作，而虚拟舞台要面对成百上千个剧目，至少需要几百个动作，虚拟角色的行为方式会达到近千种变化。解决以上基本的技术问题，是首期目标。再下一个目标，是建一个容纳各种道具、服装、布景、动作的巨型数据库，用以满足丰富的戏剧创作。有了虚拟舞台，导演和助手们只需动动鼠标，很快就能完成布景、灯光、走台，不用彩排就能看到舞台效果；有改动，几秒钟就能实现。

　　传统戏剧创作过程不易被记录保存，排一个戏丢一个戏。录像只能大略记录排练演出情况，但排练是非常关键的创作过程。有了虚拟舞台，不仅是舞台的各个细节，排演的过程、导演的调度也能原汁原味地保留下来。今后如果想复排一出戏，过去的积累一点都不会漏。不仅如此，大型文艺演出如世博会开幕式，往往要经过多次彩排。数字化后，不但省钱，而且虚拟的彩排一旦完成，需要的布料、木材、人工马上能形成清单，成本一目了然。虚拟排练定稿后，整个工程预算费用也显示在屏幕上。在描绘舞台面貌的同时，各种布景、道具和大致人工费用，电脑都能计算出来了。这就意味着制作人在一台演出或者大型活动正式开始前，对成本预算大抵能做到心中有数。在设计和创编剧目、展馆规划设计、各种庆典中，可以大量节约创作和制作成本。中国科学院虚拟技术研究中心负责人表示，戏剧创作尤其是大型文艺演出可以运用数字化的、可复制的方式来展现创作人员的灵感。以科技为媒，完全可以使文艺工作者的创意"发酵"放大。

　　虚拟实验室完成了一期验收后，上海市教委追加了投资 500 万元经费支持，实验室二期建设总资金达 1 300 万元，平台集成的技术越来越多样，演员、灯光、舞美、音乐语言等素材库更充实。实验室还没开张，演艺界人士就来敲门了：文广集团大型活动部要借实验室模拟一个上海大剧院，市科教党委 2006 年 9 月举行的教师节大型文艺晚会、当年 10 月举行的第十二届江西省运动会开幕式也点名要虚拟实验室来练兵。电脑开始介入了戏剧创作的新阶段。

第二节   《和谐礼赞》与项目成果

2006 年，为庆祝上海合作组织成立 5 周年暨成员国艺术节开幕，在上海大剧院上演了一台名为《和谐礼赞》的文艺晚会。历时 90 分钟的晚会，由"和平颂""和睦情""和谐赞"三个篇章组成，368 位外国演员和 900 多名中国演员同台演出，赢得了台下各国元首及中外观众一阵又一阵热烈的掌声，给大家留下了难忘的印象。这台晚会的圆满成功，除了凝聚我国及上合组织所有成员国和观察员国艺术家的心血和汗水之外，还得到虚拟助手的幕后支持，它给晚会的编排设计提供了一个全新的舞台——为保证演出圆满成功，市领导决定利用上戏实验室的虚拟技术创作晚会演出。实验室接到制作《和谐礼赞》晚会的任务，是在实验室研发第一阶段刚完成的时候，《和谐礼赞》的整体构思要与北京以及其他九国文艺团体协调、沟通，要通过虚拟手段体现出编导组的意图。难度之大，超乎想象。

从 3 月底接到这一任务后，虚拟实验室的技术人员几乎一直通宵加班，根据文学分镜头本，在"演艺虚拟空间"里模拟出整台晚会，所有在舞台上活动的演员，都是电脑制作出来的虚拟人物。市领导及晚会编导经常来到虚拟实验室进行审查和指导，面对弧形屏幕上展现出来的舞台直观画面，边看边提出修改意见。

开始方案还处在构思阶段，编导们在大屏幕前，手持话筒、激光笔，一边讨论，一边提出需要修改的地方，技术人员则在各自的电脑前，对参数和模块进行设计。编导还通过桌上的摇杆，变换不同的角度来察看舞台效果，在虚拟的空间对演出构思进行形象的体验。方案先后十易其稿，正因为有了在虚拟空间"千变万化"的视觉体验，使得导演进入正式彩排之后，心中更加有底，指挥若定。在体验了"演艺虚拟空间"的功能以后，晚会总导演之一滕俊杰认为："非常直观，尤其模拟大型舞台场景，效果一目了然，修改起来十分方便。"这是新技术与文化的有机融合，将对表演类创作活动形成有力支撑。《和谐礼赞》在虚拟实验室里改到最后一个版本时，第一版的影子几乎荡然无存。例如，晚会开场时的背景，先后设计了富有中国特色的九龙壁、朱漆大门、江南水乡等四五个方案。实验室的技术人员把每个方案都制成背景，在虚拟舞台上显示出来，并同时制作了十位少女的人物模型，模拟她们共同按动如意的场景。声、光、景的整体效果同时呈现，让编导和领导对方案进行取舍。直到最后，晚会决定了花团锦簇的背景，烘托出浓厚的祥和、喜悦的气氛。在原先的设计方案中，舞台两侧准备搭建巨大的假台口。编导看到虚拟效果后，最终还是否决了这一方案。如果按照传统方法，到晚会现场感觉效果不好返工，浪费就很大了。虚拟舞台大大减少了创作排练时间和材料上的经费。

经过三个多月的艰苦努力，在有关方面的关心和通力合作下，一台集高科技水平和高艺术水平的虚拟演出制作完成，得到了来自北京的总导演田军利、陈维亚以及文化部领导的赞赏和好评。英国创意产业学者约翰·霍金斯在观看了虚拟排演的演示后，称它为自己在中国所见过的"印象最深刻的创意项目"。时任文化部副部长孟晓驷同志在市委、市政府和宣传部领导殷一璀、王仲伟、杨晓渡同志陪同下先期来到上戏虚拟实验室，观看了演出样片。孟晓驷同志反复认真地观看了多遍，对晚会演出的总体构思和演出效果表示满意，对虚拟实验室在这次演出活动中产生的奇特的作用给予充分肯定。她说，这个实验室"太美了""太好了"。"你们的实验室为我国文化艺术事业作出了很大的贡献。建议文化部的科教司应该把这个项目作为科技进步奖申报。"6月2日晚，上海市主要党政领导陪同当时的国务委员唐家璇等领导来到东视大厦1504会议室，审查由实验室制作的晚会演出多媒体样片。唐家璇同志看完样片之后非常高兴，他首先站立起来向大家鞠躬，向为晚会演出作出辛勤努力的上海市各有关单位表示敬意，他说："过去的大型活动要在现场排练后审查，现在排练还未开始，在办公室就能看到演出效果，上戏虚拟实验室的诞生具有重要的意义。"

作为国家唯一的科技与艺术创作相结合的虚拟技术重点实验室，从建设开始就得到了国家发改委、教育部、科技部的高度重视。"上海市多媒体演艺虚拟空间合成重点实验室项目汇报团"顺利完成向国家863专家鉴定会汇报情况的工作，多位专家对实验室的基本定位以及工作成效给予了充分肯定。上戏"多媒体演艺虚拟实验室"承担了国家863专项、上海市重大科技攻关项目，获得文化部科技奖和上海科技进步二等奖。

到我离开上戏，实验室运行了3年多时间，完成了虚拟演艺合成系统基础平台创新性集成，应用于大型演艺活动与舞台演出的虚拟排演、2010年世博园区场馆与展览的创意设计，以及城市园林规划设计等领域，其中包括：2007年女足世界杯开幕式、内蒙古自治区成立60周年大型民族歌舞庆典晚会、江西省运动会开幕式、上海教师节主题晚会的虚拟排演、2010年世博会开幕式水上舞台概念设计演示、第三届国际校长论坛开幕式文艺晚会《智慧之光》、教育部全国高校辅导员会议开幕式文艺晚会《青春放歌》的设计与演示、上海洋山深水港的虚拟交互演示，还创作了多媒体话剧《喜马拉雅王子》、多媒体与古筝演奏会《乐·影》等演艺作品，取得了良好的创作效果，获得了领导和专家的高度肯定。2006年，实验室获得"第二届文化部创新奖"，2007年，多媒体与古筝演奏会《乐·影》获得上海国际科学与艺术创新奖。该项目还为上海2010年世博会等大型活动的舞台合成提供技术支持，承担了国家与上海多项有影响的重大演艺活动的策划与排演。

虚拟技术在二十年前的探索在全国还刚刚起步，对于大型演出的应用确实还是一个新生事物。为此，我还被特邀参加了科技部组织的虚拟技术国家"十一五"发展规划的专家讨论会，会上专题介绍了上戏"多媒体演艺实验室"的建立和工作情况。通过这次会议，使我深入了解了虚拟现实技术（"VR"）在我国各领域的运用情况，已被列入了"十一五"科技部的重点发展战略项目。在今天，"VR"技术在经济和社会的应用十分普遍，成为人们日常生活的重要部分，技术与二十年前已不能同日而语，发生了翻天覆地的变化。智能化大数据已然成为新的社会发展需求和主导主流，虚拟技术在文化艺术和娱乐活动方面的趋势不可阻挡。每每看到人们尤其是年轻人已经适应于在线上线下之间工作和休闲的时候，我就会想起二十年前上戏"多媒体演艺实验室"创立的年代，记得实验室的技术成果还拿到了国家级的专利，想起那些在一起"吃螃蟹"的同事们，那些领导和专家们。人生在世，顺流而为可能不是很难的事，早一步甚至早两步而为之的"弄潮儿"的勇气和智慧确实是难能可贵的。希望我们周围这样的人多一些，我们的社会进步的步子会迈得更大一些，发展得更快一些。喜闻这两年虚拟实验室项目在现任上戏领导的重视下又成为文化部的重点项目，希望这个实验室为上戏在新时期的发展作出更大的贡献。

第六章

文教结合结硕果

2003 年，上海市委、市政府整合了全市的硬件、软件，持续开展、不断深化文教结合工程。从教育到院团改革，从创作到演出市场，从文化战略理论研讨到政策制定，文教结合取得了一系列可喜的成绩。其中，上戏是文教结合工程很大的受益者。

2006 年 8 月 21 日上午，时任中共上海市市委书记习近平同志在市委副书记殷一璀，市委常委、宣传部部长王仲伟，市委常委、秘书长丁薛祥，市科教党委书记李宣海等领导的陪同下来到上戏，听取了学校发展情况的介绍，也检查了学校在文教结合工程中实施的成果。领导们在三所学校校史的展览图片前长时间驻足，仔细地了解老一辈学校创始人的文艺工作者为国家作出的贡献，表现出十分敬重的神态。对学校的沿革和发展的历史及三校合并的举措表示肯定和赞赏，对三校多年培养的著名文艺人才和艺术大师逐个了解，对于上戏坚持举办民族话剧班的做法也给予充分的肯定。市委领导观看了精彩的汇报表演，亲切接见了教师代表和艺术家代表，询问他们的生活、工作情况，祝贺他们在培育人才方面取得的成绩。当介绍到"芭蕾王子"杨新华时，领导们问："现在还在跳吗？"杨新华回答："现在当老师了。"领导们满意地笑了。市委领导们走进了虚拟实验室，观看了现场操作，称赞了实验室在科技和艺术创作方面所进行的探索，认为这个实验室的建立对传统的文艺创作方式来说是一场改革创新。不久前现任上戏院长黄昌勇同志将当时市委领导来校视察的录像剪辑给我看，连连说："这个资料对写好上戏的历史，实在太珍贵了。"

第一节 将上戏的光荣传统发扬光大

全体师生员工切实感受到"三校合并"以后，来自方方面面的关心支持。通过全校上下团结一心的辛勤努力，教学资源更加集聚扩大，校园面貌崭新变化，付出的辛劳没有白费，教育硕果累累。

上戏素有"中国艺术家的摇篮"的美誉，每位教职员工日夜耕耘在教书育人的艺术苗圃上，每年都有崭新的收成。五年多的岁月，上戏的党政班子和全体教职员工学习继承发扬光大上戏的光荣传统，度过了奋发向上、风风雨雨的美好时光。

在剧目创作方面，先后抓出了话剧《天堂的风铃》、京剧《培尔·金特》等一批有社会影响的优秀原创作品。创作中心先后推出 300 多部原创剧本，由师生创作演出的话剧《天堂的风铃》、京剧《培尔·金特》先后两次进京，在北大、清华、人大、中戏等高校演出，被首都戏剧专家誉为难得的"上戏新现象"。在 2005 年上海市小节目评选中，上戏入围的 9 个节目喜获丰收，其中京剧与太鼓《草原情歌》、诗词意境小品《满江红》荣获优秀创作奖，学院被授予组织奖。2006 年学生创作演出小品 54 个，许多在全国比赛中获奖，如《缘是一家人》获第五届全国"四进社区"文艺比赛金奖，《"七一"热线》获财政部文艺汇演二等奖；多场次话剧《机关里的年轻人》在上海市文联举办的全国剧本征稿比赛中荣获三等奖。话剧《天堂的风铃》获 2006 年上海市新剧目评选一等奖。

在戏曲人才培养方面，2006 年，戏校已有 31 人荣获"上海戏剧白玉兰奖"。由上戏第一届戏曲导演专业学生创排的原创京剧《培尔·金特》，改编的青春京剧《墙头马上》、传统京剧《清风亭》三部大戏在京、沪两地公演，引起强烈反响。

在第十届"中国少儿戏曲小梅花荟萃"活动中，戏曲学校学生囊括专业组第一、二名，并在前十名中占据 6 人，其中 14 岁的谢晨凭借出色的武功技巧和演员素质一举折桂，荣登戏曲小梅花金花奖榜首。京昆专业双双夺魁，取得了获奖总成绩全国第一的好成绩。

金狮奖全国木偶皮影中青年技艺大赛是木偶皮影行业最高规格的比赛。在大赛上，上戏学生共有 17 人次获得了 12 个奖项。其中，2 个金奖，5 个银奖，5 个铜奖。获金奖总数和获奖总数均列全国首位。

在舞蹈人才培养方面，桃李杯舞蹈比赛被誉为"中国舞蹈奥斯卡"的大赛，学校参加独舞比赛的 38 名选手，有 34 人进入决赛，占参赛选手的 89.5%。参加群舞比赛的 16 名选手全部进入决赛。分获金、银、铜奖，创学校参赛以来的最佳成绩共有 35 人。在中国舞、古典舞、民族民间舞、芭蕾舞、国标舞等各种标准的比赛中获奖；舞蹈学院参赛的群舞剧目《冲》获得全体评委的高度赞赏，荣获中国古典舞群舞唯一的金奖。

中国舞蹈"荷花奖"是中国四大专业舞蹈赛事之一，上戏舞蹈学院有三部作品进入决赛，其中，《柴可夫斯基狂想曲》以 9.98 分的优异成绩艺压四座，获得艺术院校组作品金奖，《花儿》获表演银奖，《空间》获作品铜奖。在第四届国际舞蹈比赛中，杨美婷和陈道远分获民族舞少年组金奖和芭蕾舞少年组男子金奖。

几年来，上戏学生共有 41 人次获得 23 项国际大奖，334 人次获得 142 项全国大奖。由上戏师生创作的小品、戏曲、话剧、影视作品屡屡在上海、全国比赛中摘金夺银。师生创作演出的话剧、戏曲、舞蹈优秀作品达到 60 多个。学校隆重推出《上戏桃李年谱》，卷中收录了近年来学校优秀毕业生和在校生中精选出的百余位佼佼者，把"中国艺术家的摇篮"桃李芬芳、花团锦簇的情景不断地精彩展示。

科研工作勃勃生机，2006年度取得国家级、部委级科研项目和成果奖励共计16项，打破了历史纪录。学校教师的专著《舞台灯光》获教育部人文社会科学研究成果一等奖，此次获奖意味着上戏作为上海市市属高校在人文社会科学研究成果上开了先河。

2005年12月，上戏迎来了建校60周年的大喜日子。60周年校庆既是对学校60年优秀办学传统的集中展示，也是对学校贯彻落实市委市府领导关于落实"文教结合工程""争创一流艺术院校"的指示的检验。60周年校庆，既有六代上戏人共话学校历史和未来的感人场景，又有"国际戏剧艺术教育研讨会"等10余场学术研讨活动；既有涉及7个艺术门类的精心打造的演出实践剧目，还有余秋雨、焦晃的"名人讲坛"，以及周本义、吕振环的著作展示……整个校庆共上演17台剧目，其中，话剧《仲夏夜之梦》和京昆合演《白蛇传》是传统经典剧目的代表；舞剧《橘子红了》、京剧《京剧与太鼓》《培尔·金特》是探索性、实验性剧目的尝试；梨园戏《董生与李氏》是导演系青年教授卢昂荣获"国家舞台艺术精品工程十大精品剧目"称号的力作；大型原创舞剧《霸王别姬》曾屡获殊荣；话剧《樱桃园》《与影子较量》《蛐蛐四爷》《山里山外》以及芭蕾舞、小舞剧、折子戏专场等，都是学校各专业近年来教学成果的积淀。60周年校庆一系列的活动，集中展示了一批优秀师生的教学成果和艺术作品，激励着全体师生为争创上戏更加美好明天努力奋斗的人生情怀。"今天我为上戏骄傲，明天上戏为我自豪。"以上这些教学成果的取得，也使我不得不敬佩市委、市政府在实现"建设国际文化大都市"的战略目标的关键时期制定的"文教结合工程"和"三校合并"决策的正确性，在这些战略步骤下释放出的艺术教育生产力的深远意义。

第二节　几点工作感受和体会

在上戏工作的五年，如果在完成组织交来的任务方面有任何成果，那都是在市委、市政府、市科教党委方方面面支持指导下，在全体教师不懈努力下取得的，我只是起了"站岗"的作用。但是这个工作"平台"，使得我在综合性艺术教育领域长了许多见识，和同志们一起进行了有益的实践，记得在 2006 年办学思想大讨论的后期，我发表了一次工作讲话，对上戏工作进行了总结，摘要如下：

2006 年学校就办学思想和发展定位开展了大讨论。经过了广泛动员，无论是广大教师干部参与这场讨论的规模，还是讨论涉及办学理念的深度都是空前的。围绕我们办学的根本任务——如何培养德艺双馨的艺术人才，如何使我们培养的人才适应社会发展的需要，要把学校建设成一所什么样的大学、怎样建设这样一所大学，如何确立教学工作的中心地位，学校今后改革、建设和发展的总体思路、办学的指导思想以及加强和提高本科教学的教育质量等问题，集思广益、深入研讨，使以上事关我校发展的根本问题更加明确起来。教师们进一步确立了"教育以育人为本，以学生为主体；教学以人为本，以教师为主体；全院工作以教学为中心"的理念，进一步强化了出人出戏的紧迫性。

第一，在继承和创新中谋发展的问题。

一所高校办得好不好，能否培养出一流的人才，首先要有先进的办学指导思想。它是一所学校的顶层设计，具有根本性、指导性的战略意义。办学指导思想包括学校的办学思路、教育理念、学校定位以及学校的教育观、质量观、发展观、人才观等等，办学指导思想是学校改革发展的先导，需要高屋建瓴，随着社会的进步不断发展。

我们提出了八个坚持，即坚持以邓小平理论和"三个代表"重要思想为指导；坚持全面落实科学发展观；坚持党委领导下的校长负责制；坚持以教学为中心、以育人为根本、以质量为生命；坚持创意强校和科技强校；坚持树立"大戏剧观"观念、现代教育观念、服务上海谋发展的观念与信息化的观念；坚持发展是第一要务，用发展和改革的办法解决前进中的问题；坚持以人为本，抢抓机遇，转变观念，创新模式，增强内涵，以确保上戏各项事业持续、快速、健康、协调发展。我认为这八个坚持既继承了传统，又体现了时代的要求，较好地抓住了今天如何办学的关键点，我们要坚持原有的办学传统和特色，也要将不断创新的理念与我们的传统办学模式相结合，使上戏焕发出新的光彩。

其次是关于学校办学的传统传承，它应该包括三个方面。

(1) 具有特色的艺术教学方式和扎实的基础课堂教育相结合。学校办学 60 多年来，通过几代教职员工的努力，在戏剧教育的办学思想、教学理念和培养方法上积淀了深厚的传统，在全国具有特色。如在办学理念上紧密贴近时代，注重教学、创作、实践三位一体均衡发展；在办学模式上注重实践教学，以形象化、小班化的教学方法培养学生，以形象化的方式展现教学成果；在办学定位上注重表演艺术的基础理论研究，注重表演艺术的国际化视野和东西方交流，注重表演艺术样式的多元化风格，注重培养学生开放的艺术思维、较强的社会适应能力和原创精神等等。这些办学特色是上戏几代教育工作者智慧和心血的结晶，是上戏不可或缺的宝贵财富，是上戏人的光荣。正是由于上戏戏剧、戏曲、舞蹈、编剧、导演、表演、舞美等专业的几代优秀教师扎实的基础教育传统、深厚的专业功底和无私的奉献精神，才换来了桃李满天下，人才辈出，上戏占据全国的半壁江山，成为全国艺术教育的重镇。

(2) 以优秀的原创剧目带动教学，带动学科建设。建校 60 多年来，学校的本科教学不仅人才辈出，为我国的文化艺术事业作出了巨大贡献，我院创排的原创作品也是硕果累累。比如 20 世纪 50 年代排演的《美帝暴行图》《战斗的青春》，20 世纪 60 年代的《白毛女》《杨门女将》《年青的一代》，20 世纪 70 年代的《霜天晓角》《黑骏马》《芸香》《白娘娘》，20 世纪 90 年代的《公用厨房》《徐虎师傅》《庄周戏妻》，2005 年创作的《天堂的风铃》等，关键就是我们的师生坚持了实践教学的理念，教学贴近了生活，贴近了时代，深入了社会基层，把握了时代的脉搏。这些正是我们必须长期坚持、一以贯之的优良办学传统。可以说，有优秀的原创剧目，加上扎实的基础教育，就有人才辈出，就有学科创新，就能吸引优秀师资，就能巩固基础教育，提高教学质量。

（3）提倡"大戏剧观"是上戏的老传统。20 世纪 80 年代上戏就有过关于"大戏剧观"的讨论。现在，我们在"十一五"规划中引入了"大戏剧观"的理念，引入了从戏剧综合转向表演艺术综合的理念，引入了以创意和艺术、科技强校的理念，引入了建设"三个基地""三个中心"的理念，引入继续使上戏成为全国艺术教育重镇的理念。目的就是要在今后国家和上海发展文化事业、培养艺术人才的战略任务中找准上戏的定位；使我们的教学模式和方法通过创意理念和科技手段加强内涵建设；通过服务上海、服务全国的过程，给予广大师生员工能够充分释放智慧、展示才华的广阔平台；我们要具有争当一流的魄力，善抓机遇的锐力，抢占先机的能力，控制制高点的磁力，海纳百川的忍力，一定会有大作为。

最后讲一讲创新。大学对建设创新型国家的贡献，主要在于创新知识和培养创新型人才对社会的贡献。大学还要进一步增强学科创新、课程创新、教学创新、教材创新的使命感。创新文化孕育创新事业，一个缺乏创新的学校不可能有自主创新的能力，也不可能吸引、凝聚大批的创新人才，更不可能培养出创新型的文艺人才。强调本科教学要与院团结合，要与实践教学相结合，走产学研一体化的培养模式；强调一手抓教学科研，一手抓创作演出实践。这是我们长期坚持的出人出戏的优良办学传统，是上戏传统教育思想历史的继承和现实的延伸。

当今世界已进入信息化时代，以数字化和网络化为纽带，戏剧、电影、电视、广播、表演、音乐、出版、设计、娱乐软件、广告等艺术门类你中有我、我中有你，相互覆盖与融合已成为当代艺术发展的新趋势，创意是文化艺术生产的源头。今天学校兼容了除音乐以外的艺术教育专业门类，取得了艺术学一级学科硕士点的授权。我们着手建立并加强新兴创意学科，能够更好地演绎并推进传统学科的发展，使我们的戏剧、戏曲优势学科的建设更加具有与时俱进的革新本质，适应人们的文化观念、文化载体、文化样式、文化观赏的需要。

要在坚持以教学为中心、坚持以课程改革为动力、坚持教书育人的基础上，充分利用好政府政策的引导作用，积极争取社会与文化院团的支持，坚持走产学研一体化的办学道路，充分利用好学校和社会两种资源，不断促进优秀人才、创新人才的集聚，使学校真正成为文艺创新、创意人才和原创作品的孵化地。

第二，进一步加强师德教育、增强责任意识。

最近，胡锦涛总书记提出了践行社会主义荣辱观的号召，即坚持以热爱祖国为荣、以危害祖国为耻，以服务人民为荣、以背离人民为耻，以崇尚科学为荣、以愚昧无知为耻，以辛勤劳动为荣、以好逸恶劳为耻，以团结互助为荣、以损人利己为耻，以诚实守信为荣、以见利忘义为耻，以遵纪守法为荣、以违法乱纪为耻，以艰苦奋斗为荣、以骄奢淫逸为耻。这个论述回答了一个日益开放、快速发展的社会应该倡导什么样的道德风气、应该确立什么样的价值导向、应该遵循什么样的行为规范的问题，同样适用于我们学校。

社会主义荣辱观是我们必须树立的社会价值观和人生观，应当成为上戏人做人的基本准则。现代社会生活的多元化和多样性，给了每个人选择的自由，但不能离开基本的底线，文艺的标准不能以丑为美、以恶为善、以耻为荣、以非为是。我们的责任是宣传社会主义荣辱观，在对学生的教育中，是非、善恶、美丑的界限绝对不能混淆，倡导什么、坚持什么、反对什么、抵制什么，必须要旗帜鲜明。

我们也正在搭建平台让教师在为社会文化服务中尽可能地施展聪明才智，老师的第一主业是教书育人，是对学生传道授业解惑，这是一个神圣的事业，教学工作来不得半点马虎，上戏的教师风范应该是教师德才兼备的统一性表现，一流的教师队伍才能真正反映一流学校的本质。

（摘自 2006 年 4 月 26 日在办学思想和发展定位大讨论总结大会上的讲话）

下
篇

上海文化创意产业的预热期

第七章

我对创意产业形成的认知

进入 21 世纪，创新思维和创意产业正在形成新的潮流，而文化创意则是其中的重要方面军。随着社会经济的发展和生活方式的变化，人们的物质需求和精神需求，业已形成了一种新的融合趋势。生活在改变，文化表达的形态也在改变。这种趋势，不断地对人们常规的思维方式和思想能力提出挑战，形成比较。本篇里反映的上海创意产业"预热期"只不过是我接触到和亲历的那个时期的沧海一粟，太多的行业和人们在为之奋斗，作出了重要的贡献。

第一节　研究创意产业意义重大

一、艺术创作和艺术教育要有创意基因

不少人问我，在我的工作履历中，曾有过不同领域的行政工作的经历，且担任过文化创意产业、信息产业的联合国专家委员会委员、国家信息化专家咨询委员会委员和市政府决策咨询专家会委员，是如何做到的？我要说，除了组织的培养、工作的机遇和自己的勤奋外，我在上戏学到的本领是我择业的基础。上戏不仅教会我关于戏剧和美术的业务技能和从事

戏剧及舞台美术专业的知识，还锻炼了我艺术创作以及实施和体现所需的判断能力和组织协调能力。它蕴含在戏剧艺术的创作技能之中，这些能力的培养比学习艺术技能更为重要。一旦领悟真谛，可受用终身，用之于"跨界"的相关领域，本身就是"跨界融合能力"的训练，锻炼的就是对于"跨界"的认知，训练的就是"跨界"的程序编制，我把它称之为"上戏基因"。真正种植了"上戏基因"，一定是上戏的好学生。上戏毕业以后，我到过多行业、多领域工作，尤其是有机会被组织派往国外学习以及作为交大王浣尘教授的博士生，使我的"上戏基因"在理论层面更加上升、在实践应用层面更加自觉。

深入研究戏剧的教学理论和高等艺术院校的教育教学规律，我认为有两方面的宝藏值得挖掘：一方面属于表演艺术（含影视）各门类。各个环节的创作规律和教育体系，依靠几十年上戏形成和积累的这一宝贵财富，成就了一批又一批的艺术大家和艺术精英人才，体现了精英教育的上戏质量和品牌。作为艺术作品的展现必须要有系统组合的能力，艺术的价值坐标从何而来？我们始终称"大舞台""小社会"。艺术的精华从芸芸众生的琐事生活和翻云覆雨的大时代大事件中经历而来。能从生活中提炼典型的事件、典型的人物、典型的故事，让人们在感动中领悟到人性和道德存在，能够用典型的艺术的创造力和表现力去感染观众，就能用"真善美"的情感去撞击、激活人的灵魂，"意想不到而意在其中"的艺术创新本质，体现了戏剧教育的神圣力量。以上不仅是经验，也归纳不成纯学术理论，而恰恰是一代代戏剧表演人为之而献身，留下的极其丰富的创作实践的财富，是上戏引以为骄傲的。所以我们说戏剧的创作和表演教育是一种特殊的艺术教育。

另一方面，戏剧作品创作的全过程，从剧本、导演、表演、舞美到剧场的管理，各个环节的完成都离不开生活提炼和创意，创意是艺术创作的"序曲"和"基调"。记得苏巧老师邀请我担任舞剧"画皮"的舞美设计，我除了需熟读蒲松龄的《聊斋》外，还要考证大量的明代风俗，熟悉人文精神，包括建筑、服装、道具，探索明代的美学风格。一个时代的艺术家都离不开反映那个时代各行业的文化美学特征。但是戏剧是给当代人观看的，又必须符合当代人的审美，结合现时代人情和人性表达。艺术工作者的根本任务是用个人的意识、创新的能力，做好"基本"，体现"根本"，处理好"时代"与"当代"的契合。这种过程本身就是"文化苦旅"。可见上戏的教育在传授学习技能的同时，一定会涉及塑造人的创意品质和社会责任的培养。

讲到社会与生活，我主张把舞台的元素与社会相结合。舞台是社会的缩影，作品是生活的典型，我更喜欢关注现实生活的各个方面折射出的戏剧元素。舞台的灯光和技术都会被广泛地应用于社会生活中，如城市的建筑、室内的照明等等方面；舞台的人物化妆服装设计也已成为美容师、时尚设计师的社会职业；舞台设计需表现的室内环境更新、建筑设计、园林设计等景象也相邻相伴，越来越多的上戏学子毕业后，不仅从事艺术专业的工作，而且从事设计类、时尚类、游戏类、娱乐业的工作。视觉造型、听觉和城市空间设计的社会需求越来越多，领域越来越广泛，从这个意义上来说，社会是个大舞台。上戏在舞台戏剧艺术教育中的"创意基因"和统筹执行能力也将会为时代发展的需求所认识，在社会多行业多岗位中大有作为。因此说，"上戏基因"扎根在舞台艺术的表现上，又将在社会大舞台中大显身手。

二、研究创意产业意义重大

还是在上海信息办工作期间，时任分管信息产业的副市长严隽琪同志曾经就发展上海信息化的内容产业给过我们一个批示，认为信息化的内容产业的发展涉及面广，如何规划发展应是一个研究领域，希望形成推进的措施。为此，我组织专门的小组对各个行业信息内容的状况和发展趋势进行了调研。历时八个月的调研，结论是上海并不缺乏内容和应用技术，恰恰缺少的是对内容开发和应用的源头"创意"。

结合我在文化部门、信息部门的专业学习和管理工作的体验，经过较长时间的研究，当时我对开发创意和发展创意产业形成的诸多认知，阐述如下：

中华文明是由几千年沉淀而形成的，通过创意，完全可以焕发出时代生命力，引领我们的生活方式成为时尚。这中间有精神消费市场性和精神文明建设的一致性问题。比如，有一部分青年人的吃、穿、住、行都跟着欧美、日韩亦步亦趋，不仅被外国人掏空了口袋，而且无形中接受着西方文化的"熏陶"，远离了中华文明的博大精深，这是很糟糕的事情。我们曾经说两手抓两手都要硬，其实两手也可以联在一起，既有事业又有产业。如果我们的发展模式进展到这样的状态，文化艺术的源头作用、引领作用、核心作用就更凸显了。能说手机短信这里没有文化内容？经济、技术发展到一定程度，就给内容产业带来了很大的发展空间。

举两个例子：一是普通的茶壶，过去成本20元，现在用自动化机械生产，销售用信息网络，也就是用信息技术带动工业化制造，成本降到10元一把，什么都省了，工人的工资也提高了。但是很普通的生活消费品，消费者只需要一把就够了，接下来的可能就是产品过剩，市场也饱和了。因为这里没有精神消费、文化消费的成分。我们再换另一把，壶还是壶，但它的竹矮凳的外形设计会让你唤起你许多的回忆，童年时奶奶坐在竹凳上讲故事、剥蚕豆……消费功能还在，但需求的却不止于单一的功能，所谓移情性消费，能激发艺术品收藏。每一个产品都有它自己特有的文化附属功能，也会产生组合性功能、品牌功能……文化创意加上科技支撑，确实是有效的市场"良方"，再加上资本的运作，便可形成新的产业链了。

二是生活方式与消费中蕴藏着文化创意的巨大空间。一碗饭都可以成为快餐，再送上门，写上几首《春之韵》之类的诗词……在物质发展到一定程度的时候，人们更渴望精神消费，文化资源不仅作用于人的灵魂，而且可以刺激新的经济形态和结构的调整。文化资源不能直接产生经济的价值，但可以引领我们的生活，创意可以在经济发展过程中进行对峙和赋能。如一些产品或技术上采用的是国际标准，在文化上却是国家民族标准。如果是纯技术对峙，一部汽车对一部汽车较劲，你也许弄不过发达国家，要是技术和文化相结合，他们就弄不过你了！微软到中国一定要本地化，连汉堡包也要中国化，实际上是"中国文化"化，和在美国吃的不是一个味。

有个成功的例子：计算机的汉字化，不管再怎么的核心技术也要用汉字，所以王选的功绩与我们的祖先发明火是可堪比拟的。从这里开拓出去天地很大，还可以利用技术搞文化输出。我们的传统舞台表演，一个本子一台戏，绝大多数是不赚钱的；话剧也被迫走小剧场演出的路子——这是传统文化运作与现代社会需求的融合问题。工业革命带来了音乐剧，在百老汇可以看《猫》，欧洲也可以看，亚洲也可以看。同样的版本，而演员是本地化的，其商业形态上实行的是分销制。如果把表演业当成产业的话，作品同样可以在欧洲美洲成立一个一个团进行复制，就像报纸讲发行量一样。产品都具有一定的文化价值，这个属性是客观存在的。还有衍生产品，也是有文化含量的，如何把握用本土文化去打造升级产品，这是一个很艰难然而又必须去面对的问题。

三、上海创意产业处于起跑线上

21 世纪初期的上海的文化产业发展迅猛，也遇到了"创意"突破瓶颈的需求；上海的经济部门率先进行了产业结构调整，一批中心城市内的老厂房转型成了"创意园区"，引资入驻了"创意"的企业，盘活了存量。老厂房改造成为城市新一轮经济转型的首选，引起了许多学者的关心和研究。以厉无畏老师为首的上海社会科学院和市委研究室、市经委研究室等一批研究机构着手研究分析国内外创意产业的发展情况，预测创意产业必将成为下一轮上海建设国际大都市社会和经济建设的重要抓手。发展创意产业，势在必行。

2003 年 12 月 14 日，我向殷一璀副书记、王仲伟部长、严隽琪副市长就上海发展创意产业的思考作了汇报。上海经济社会转型发展的良好势头，已经为创意产业提供了生长的"沃土"。大力发展创意产业，能够加快上海现代服务业的进程，提高第三产业在 GDP 中的比重。据当时预测，经过 5～10 年的发展，集聚 200 家左右的文化企业，文化产业总产值可达到 300 亿～500 亿元。2010 年的上海世博会将为上海创意产业的发展带来一个重要的战略机遇，将使上海和周边的杭州、苏州、南京、宁波等长江三角洲城市一起成为亚洲最大的会展城市群。在这一时期，就上戏而言，可以做好五件大事：抓好理论研究、成立创意学院、成立上海市创意产业协会、建立霍金斯创意产业研究中心、召开联合国全球创意产业研讨会。

2004 年上海市文化工作会议上，市委副书记殷一璀在讲话中说："随着科技与文化的融合，具有自主知识产权的创意将会成为推动新兴产业的核心动力。我们要立足上海科技和人才优势，依托创意产业，促进传媒业广播电视、报刊、网络、出版、演艺业、电影业、电讯业、广告会展博览业等实施跨越式发展。加快数字化进程，努力发展高新技术支持的新的增长点。调整产业结构，建设科技与文化相融合的创意产业基地，培养复合型产业领军人才，组建创意产业链和产业集群，提升产业能级。"上海市政府十分重视创意产业的发展，将发展创意产业列入了《上海市 2004—2010 文化发展规划纲要》，并将创意产业确定为发展现代服务业的重要内容之一，写入上海市"十一五"规划。上海成为国内除北京外创意产业起步最早的地区。

国家信息化办公室领导听取了我们对于创意产业发展思路后说："红

海蓝海战略开辟新领域，长尾理论，你们上戏都抓住了。你们的工作走在前面。创意的内涵是无底的，是积累起来的，阶段不同，界定也不一样。我们必须要迎接挑战，利用机会、抓住机会。上海有自己的文化、传统、习惯，有市场潜力。在这个基础上扎实搞好文化创意发展的条件，夯实基础。"并且强调："美国对我国控制最严的就是非物质生产的版权和专利权，你生产的杯子 1 美元，他弄个品牌卖 10 美元。我们创意一个品牌比他们好，他们就想办法打下去。好莱坞电影在全世界既有绝对的优势盈利，又能进行文化价值传递和渗透。文化是阵地，一定要争夺。"

第二节　积极开展国内外研究

当上海的知识界、企业界、文化界和领导部门都认为有必要发展创意创业的时候，上海创意产业的预热期来临了。我当时还兼任国家信息化专家咨询委员会委员，进入 21 世纪，推动创意产业是否能成为中国经济转型的新动能，带着这个问题，我专程到北京将上海的情况向专家委领导作了汇报。专家们提出希望上海在全国先干先试，做好创意产业的推动工作，有两项基本工作必须搞清楚：一是国外典型国家和国内典型地区的创意产业发展情况与经验教训，二是扎实搞好创意产业的理论研究，界定好这个创意产业的特征和内涵外延以及发展模式，量化产业统计。

记得依据国家专家委的意见，我们在上海市政府相关部门的支持下，对当时一些率先倡导发展创意产业的国家和国内的典型省市地区进行了调研，并初步对创意产业的发展规律开展了理论探索。

我们不妨先来探索一下其他一些国际大都市的发展思路，并从中获得启示。

一、创意产业在部分国家的实践

（一）英国

在英国，创意产业在 1997—2000 年的年增长率达到 9.0％，成为仅次于金融服务业的第二大产业，远大于这一时期 2.8％的整体经济增幅。

2000 年，英国创意产业占国内生产总值的 7.9％。根据英国文化媒体体育部 2001 年发表的《创意产业专题报告》（Creative Industry Mapping Document），当年英国创意产业的产值约为 1 125 亿英镑，占 GDP 的 5％，已超过任何制造业对 GDP 的贡献。1997—2001 年，创意产业以年均 8％的速度增长。2001 年，创意产业占总增加值（GVA）的 8.2％。创意产业出口方面，英国 2001 年的出口值高达 103 亿英镑，且在 1997—2001 年每年约有 15％的高成长率，而同期英国所有产业的出口成长率平均只有 4％。2002 年，英国创意产业增加值达 809 亿英镑。十年来英国整体经济增长 70％，而创意产业增长 93％，显示了英国经济从制造型向创意服务型的转变。以增加值计算，软件自 2002 年取代服装成为最大的创意产业。2002 年，创意产业行业内约有 122 000 家公司在"部际商业注册机构"注册，到 2002 年 6 月，创意产业雇用总人数为 190 万人，其后继续增长，成为该国雇用就业人口的第一大产业（见表 7-1）。

表 7-1 英国创意产业规模及其就业人数

产业名称	就业人口	产值/亿英镑	出口值/亿英镑
软件与计算机服务业	555 000	364	27.61
出　版	141 000	185	16.54
音　乐	122 000	46	13.00
电视与广播	102 000	121	4.40
广　告	93 000	30	7.74

（续表）

产业名称	就业人口	产值/亿英镑	出口值/亿英镑
设　　计	76 000	267	10.00
表演艺术	74 000	5	0.80
电影与录像带	45 000	36	6.53
艺术与古董市场	37 000	35	6.29
工　　艺	24 000	4	0.40
建　　筑	21 000	17	0.68
休闲软件游戏	21 000	10	5.03
流行设计与时尚	12 000	6	3.50
总　　值	1 322 000	1 125	102.52

注：因进位的关系，数字可能与总数有所出入。资料来源：DCMS2001。

　　英国伦敦已将创意产业作为核心产业，在英国政府力图推动经济转型升级，走向创意经济时代的同时，伦敦一直努力促进本城成为创意城市。2003年，英国首相战略小组就指出，用就业和产出来衡量，伦敦创意产业对经济发展的重要性已经超过了金融服务业。创意产业雇员（包括时尚、软件设计、出版、建筑和古董交易等）数量已达52.5万人且还在增加；与之相比，伦敦金融服务业的就业人数为32.2万人，并处于下滑趋势。一年中伦敦的境内外游客在艺术文化方面的花费超过了60亿英镑。【《英国创意产业支持政策在地方上的实施——伦敦文化产业发展中心研究》，参见http://www.istis.sh.cn/Iist/list.asp?Id=1596】政府对创意产业采取了税收优惠等政策性扶持，创意产业成功推动了出口，有效地抵补了货物贸易逆差。

　　通过大力发展创意产业，创意产业已经成为伦敦经济发生根本转变的组成部分，以及伦敦缔造财富的主要产业。同时，创意产业创造了重要的就业增长，每五个新增岗位中，创意产业就占一席。创意产业就业的年均增长率达到 5％，创意产业中有八个部门的就业增长速度超过了伦敦就业增长的平均水平。创意产业从业人员生产率也在不断提高，而且这种提高不是因为市场衰落导致失业而达到的，而是通过向一个不断创造就业的成长中的新市场扩张而实现的。

从伦敦大力发展创意产业的模式可以看出，它已经走上了一条经济彻底转型，走向全球性金融、全球性旅游和全球性文化创意的道路。

（二）美国

美国的国际知识产权联盟在《美国经济中的版权产业：1999 年报告》中详细叙述了包括电影、电视、家庭录像、商用软件、娱乐软件、图书、音乐和唱片在内的创意产业在经济上对美国内生产总值、就业和贸易所作的贡献。这份年度报告指出，1997 年美国版权产业净产值为 3 484 亿美元，占美国国内生产总值的 4.3％。在 1977—1997 年间，核心版权产业的国内生产总值平均年增长率达到 6.3％，而同期美国国内生产总值年增长率为 2.7％。在这 20 年间，美国版权产业就业人口翻了一番，达到 380 万人，占美国就业人口总数的 2.9％，平均年增长率达到 4.8％，而同期美国经济就业人口平均年增长率为 1.6％。1997 年美国版权产业从国外销售和出口中创利 668.5 亿美元，超过了包括农业、汽车、汽车配件和飞机制造在内的所有主要产业。据统计，到 2001 年，美国的核心版权产业为国民经济贡献了 5 351 亿美元左右，约占国内总产值的 5.24％。【《美国经济中的版权产业：2004 年报告》，参见 http://www.bookb2b.com/view/detaiL.php?id＝325】

创意产业中其他行业对美国经济也有巨大贡献。美国的娱乐业是创意产业中增长较快的部门，美国消费者用于娱乐业中的电影、家庭电视、录制音乐等国内市场总开支在 1997 年达 350 亿美元，2000 年约为 410 亿美元，2004 年达 490 亿美元。1998—2000 年及 2000—2004 年年均增长率分别约为 8.2% 与 4.6%。根据美国商业部经济分析局的分析资料，在国际市场上，1997 年外国购买美国影片娱乐产品达 170 亿美元。美国电影公司海外子公司在销售美国电影时发挥着重要作用。1996 年销售额达 96 亿美元，2000 年约为 136 亿美元，2003 年达 175 亿美元左右。【资料来源：美国商业部：《美国产业与贸易展望 2000 年度报告》】同样，再来看看 1999 年美国专利局登记的专利国别（地区）申请情况。与英国相比，美国自身的专利申请占据半壁江山，其他国家诸如日本和德国也有不小的申请份额，对美国创意经济的发展发挥了重要影响。

随着美国创意产业的膨胀，创意阶层不再是简单的群体重组，而是产生了一个新的经济阶层。根据理查德·佛罗里达在 2003 年出版的《创意阶层的崛起：正改变工作、休闲、社区和日常生活》，在 100 年间，美国的创意阶层从 300 万人增加到 800 万人。

（三）日本

日本早在 1999 年就在其产业报告中对创意产业进行了分类、评价和展望。日本通商产业省 1999 年的报告对日本创意产业未来的发展速度以及市场规模进行了预测（见表 7 - 2）。

表 7 - 2　日本创意产业发展与预测报告

创意产业	预估年复合成长率/%	1998 年市场规模/兆日元	预计 2025 年规模/兆日元
内容产业	2~4	10	17~33
休闲产业	2~3	9	14~20
时尚产业	2	11	18~20

资料来源：根据 1999 年日本通商产业省公布的数据。

据 2003 年日本经济产业省内容产业国际战略研究会统计分析，2001 年日本的内容产业市场总规模为 110 387 亿日元，其中广播电视业和新闻业在日本的内容产业中占据了半壁江山；广播电视业收入 35 662 亿日元，占到了内容产业市场总规模的 32.11%；新闻业收入 24 900 亿日元，占到了内容产业市场总规模的 22.56%。紧跟新闻业收入的是出版业，收入 23 250 亿日元；音乐业收入 16 470 亿日元；电影业收入 6 420 亿日元；游戏软件业收入 3 685 亿日元。

以日本卡通业为例，近年来，日本卡通业的飞速发展与历届政府把发展文化产业尤其是漫画、动画等作为一项基本国策是分不开的。早在 1996 年前，日本就将动画定义为国家重要产业，采用"研、产、学"相结合的发展模式，借助成熟规范的文化市场以及大型文化公司行之有效的市场营销体系，积极推进工业化大生产、制播同步、产业链构建，通过动画片、卡通书和电子游戏的商业组合，发展成为全球最大的动画强国。2002 年，日本动画位居国家支柱产业的第六位，向美国动画出口额是钢铁出口额的 4 倍，动画产业市场规模是 2 000 亿日元，加上卡通玩具等相关商品的开发，动画市场总体规模达 2 万亿日元。

（四）韩国

1997 年的亚洲金融危机促使韩国经济转型。金融危机后，韩国政府开始将资源投入到资讯、娱乐产业等与文化相关的产业。从文化产业的人才、研发到完成生产后的国际行销等一系列环节进行协助和辅导，为韩国文化产业兴起做了准备。

当时的韩国总统金大中，于 1998 年与英国首相布莱尔共同发表"21 世纪设计时代宣言"，向国人宣示设计在国际竞争中的重要性，并与各国开展设计合作。1999 年，由国家举办"第一届产业设计振兴大会"，宣示五年内达成设计先进国家的"设计产业愿景"。韩国政府在 1997 年对创意产业这一新兴产业进行扶助性介入，尤其注重向电子游戏、音乐及电子网络等新产业倾斜支持，2003 年其影视、音乐、手机及电子游戏四个产业都有两位数的增长，出口额首次超过钢铁。【周松青，"韩国发展创意产业策略"，转自上海情报服务平台，参见 http://www.istis.sixcn/list/list, asp? id＝l866（2005 年 7 月 1 日）】以动画产业为例，韩国把发展动画作为政府的七条施政纲领之一，将动画从服务业划向制造业，以提升其产业类别。同时，通过设立文化产业基金、成立文化产业振兴院、建立文化产业园区、发布《文化产业促进法》等一系列措施，有力推动了本国卡通业的发展。据统计，韩国政府每年向游戏产业投放资金约 500 亿韩元（约合人民币 3.5 亿元）。韩国 2000 年游戏市场整体规模达到 1.6 万亿韩元（约合人民币 115 亿元）。

与此同时，全球还有不少国家都已经将创意产业作为一个重要产业来开发，比如澳大利亚 1999 年创意产业已占 GDP 的 3.3％，就业人数 34.5 万人，占就业人口总数的 3.7％。

二、中国城市的创意产业发展状况

在我国，数字化的创意文化产业正在以前所未有的速度迅速崛起。

首先来看一组数据：1989 年，我国的手机只有 1 万部，到 2003 年 6 月底，全国手机拥有量达 25 600 万部。中国电子通信设备制造业在 39 个工业大类中排名第一，已成为龙头老大。正是在这种产业基础之上，手机短信业的发展才成为网络复苏的重要支撑力量。今天，人们已不再对虚拟经济创造财富的巨大能力表示惊异。近年突起的年轻富豪，如网易的丁磊、盛大的陈天桥和搜狐的张朝阳，他们不约而同都与火热的网络游戏相关。2002 年，中国网络游戏的市场规模接近 10 亿元人民币，增长率达到 187.6％，付费用户达到 400 万户。据国际数据公司（IDC）数据显示，2003 年，中国网游市场突破 20 亿元，2006 年更可能创纪录地达到 80 亿元。不仅如此，网络游戏更是一个"引擎产业"。它正在带动相关环节迅速成长为一条完整的产业链。据 IDC 统计，2002 年中国网络游戏仅对电信业务的直接贡献就达 68.3 亿元。

（一）北京

北京创意产业的长足发展首先是得到了政府部门的大力支持。北京市委成立了文化创意产业领导小组，市委主要领导担任小组组长，出台政策，深化文化体制改革，优化发展环境。在文化创意产业发展过程中，北京进一步巩固其作为全国文化中心的地位，比较好地处理了文化和科技的关系，发挥好首都的文化和高科技优势，推进产业升级。与此同时，北京在处理继承传统和不断创新、加快发展和节约资源的关系上，以及在优先盘活、利用好现有资源，实现可持续发展的工作思路上都显得较有新意。

创意产业与奥运的结合是北京发展创意产业的一大特点与亮点。众所周知，历届奥林匹克运动会都对举办城市的经济、文化、社会生活等方面产生深远的影响。中国人民大学人文奥运研究中心执行主任金元浦教授就认为，奥运会是一个全球范围内跨文化、跨国界、跨种族的"大聚会"，"注意力经济"是文化创意产业发展的难得契机。"我们需要更多的人投身文化创意产业，开发出更多能最终形成经济项目的文化创意产品。"他认为，奥运从根本上看应该是一种文化创意产业。"中国需要有更多有创意的文化产品来让世界了解中国。"表明了创意产业与奥运的结合是北京模式的特点与优势。

创意产业园区集聚化是北京的又一大特色。创意产业作为知识经济时代的产物，是建立在经济高度发达基础上的新经济形态，具有知识高度密集、高附加值和高整合性，发展创意产业对于促进经济结构调整，扩大就业，发展区域经济，提高生活质量，融合传统与现代文化，构建社会主义和谐社会等方面具有十分重要的意义。也正是基于知识高度密集、高附加值和高整合性这些特点，创意产业园区的集聚化就不仅是一大特点也是发展的一种趋势。数字娱乐产业示范基地、中关村创意产业先导基地等 10 处文化创意产业聚集区。除了这已有的 10 处地区外，北京市目前还在规划建设东城区文化产业园区（中关村科技园雍和园）等 8 处文化创意产业聚集区。这些文化创意产业园区的完全投入使用，必将会使北京的创意产业得到长足的发展。

（二）武汉

武汉市创意产业的发展可以分为上、中、下三个层次。歌厅演艺业和电影服务业处于全国前列。以新中原大歌厅、滚石音乐台、台北新视听、博大艺苑等7家娱乐企业为代表的歌厅演艺业无论演出的规模、档次和营业收入在全国都是名列前茅的；武汉有天河院线和银兴院线两家电影院线，年票房收入8 000多万元，处全国大中城市前列。武汉的人均银幕数也位居全国前列。武汉的影视传媒业、出版发行业处于全国中等发展水平。武汉地区有湖北电视台、湖北经济电视台、武汉电视台、湖北广播电台和武汉广播电台等媒体，在武汉地区具有一定的传播优势，但整体竞争力不强。武汉图书出版数量居于全国大中城市前列，但效益较低。武汉地区最大的两个出版集团是湖北长江出版集团和武汉出版集团。长江出版集团拥有资产总值22亿元，综合实力在全国十名之内。动漫产业、网络游戏产业、数字视听等新兴数字产业和设计产业（包括平面设计、多媒体设计、工业设计、建筑设计、时尚设计等）处于全国下游水平。

具有"天元之城，世界水都"美誉的武汉，具备发展创意产业的两大基础优势：一是文化资源优势，二是科教人才优势。武汉是国家历史文化名城，有"六大文化品牌"：盘龙殷商文化、琴台知音文化、白云黄鹤文化、辛亥首义文化、汉口商贸文化、武昌科教文化。武汉独特的人文魅力和文化资源是发展武汉创意产业的不竭源泉。武汉是我国最重要的科教基地之一，拥有的高等院校数量及在校学生数量仅次于北京、上海等大城市，在中国大城市中位居第三，科教综合实力居全国大城市第三位。武汉东湖地区是仅次于中关村的中国第二大智力密集区。武汉的科教优势为武汉创意产业的发展提供了坚实的智力支持和人才支撑。为了更好地在武汉发展创意产业，武汉制定了创意产业的三大战略。

一是重点行业战略。所谓重点行业战略，就是各地要根据自身的资源禀赋和竞争优势，按照重点与选择的原则，发展特色的具有比较优势的行业或产业，不要面面俱到。目前，武汉在动漫游戏、影视制作、软件开发、建筑设计、文学艺术创作等方面具有一定的潜在优势，重点选择两三个行业寻求突破，从而带动整个行业的快速发展。

二是产业聚集战略。产业发展的核心是形成产业链。产业聚集的目的，就是把产业的上游研究开发、中游的生产制造、下游的市场营销及衍生产品的开发汇聚在一个比较集中的区域，打造完整的产业链条，发挥产业聚集的溢出效应，使得整个行业都处于一个良性发展循环的轨道。

三是品牌开发战略。政府力争在工商登记、资金扶持、物质奖励、优化环境等方面大力推进创意产业的品牌开发，同时做好创意园区的品牌建设。

（三）西安

创意产业是西安经济发展到一定水平之后的必然选择。西安是我国较适合发展创意产业的城市之一。首先，西安有着丰厚的文化底蕴，中国历史上的 13 个朝代在西安建都，这为创意产业的发展奠定了良好的基础。西安拥有近百所大学，在校大学生有 80 万人，每年的大学毕业生将近 20 万人，为创意产业培养了大批的创新型人才。由于以西安为中心方圆 500 千米范围内都没有更大的城市，所以这个半径之内许多资源都会向西安聚集，包括大量的高素质人才。西安的人口 2005 年是 740 万人，预计很快会超过千万人。在我国的大中型城市中，西安是每万人中拥有大专以上学历人员比例最高的城市。西安是一个人才汇聚的城市，丰富的人力资源为创意产业的发展提供了保障。基于这些优势，西安特别是西安高新区目前正致力于发展创意产业，以此提升西安的城市竞争力。

西安发展创意产业的一大特色在于西安高新区将宽 180 米、长 5 千米的唐延路沿线，打造成一个创意产业发展带，形成创意产业发展的聚集区和基地，推进五大创意产业发展，让思想、智力和技能迸发出创新的火花，使创意产业成为高新区新的经济增长点。

按照规划思路，高新区将重点推进以研发设计（包括工业设计、建筑设计、规划设计、广告设计等）、数字娱乐、数字传媒及出版、文化艺术为主的创意产业集聚区与基地建设，重点发展"研发设计创意""数字娱乐创意""文化艺术创意""数字传媒与出版创意"和"广告策划创意"五大创意产业。

（四）重庆与成都

作为我国的西南重镇，重庆与成都的创意产业发展有一定的相似之处。建设具有各自特色的都市文化创意集群是它们的一个共同之处。在重庆主城就建成了 50 个以上创意产业基地，形成了 3 个在全国有影响的创意产业基地，全市创意产业增加值将占全市生产总值的 6% 以上。在这个过程中，创意园区理念逐渐被引入城市发展进程。尤其像南岸区，借助国际会展中心、南滨路、弹子石老街、黄山抗战遗址博物馆等现有文化资源的相邻共生作用，在南滨路筹建"巴渝文化创意产业园"，形成具有重庆特色的都市文化创意集群。在成都，虽然它的创意产业的发展尚处于初创阶段，但是它的集聚化趋势还是很明显的，比如在成都的高新区，通过政府主导、市场化机制建成了目前规模最大的数字娱乐产业园，已引进数字娱乐企业近 50 家，产业涵盖网络游戏、手机游戏、视频游戏、动漫动画、3G 新业务、数字音乐、新媒体影视、流媒体、游戏引擎、IPTV、人才培训等多个领域，推出了大量具有自主知识产权的原创数字娱乐产品。

（五）苏州

动漫产业是创意产业的一个重要组成部分，而苏州在创意产业的发展中最大的特色便是以动漫产业为龙头。如今，苏州动漫正从苏州制造向苏州创造迈进。目前，苏州已集聚起了一批在国内外颇有影响的企业，形成了产业发展的基地雏形。苏州市规模较大的动漫企业已有台资及国内民营企业近 10 家，生产能力在国内名列前茅，并初步形成了基地型发展趋势。

以苏州工业园区为例，网络游戏产业在工业园区集聚起了数家在国内颇有影响的民营电视游戏、网络游戏开发企业以及一大批动画设计、多媒体设计公司，初步形成了动漫人才的培养体系。动漫经营、策划和制作方面的人才是支撑动漫产业发展的关键因素。目前，苏州市工艺美术职业技术学院、苏州艺术学校等大专院校都设有动漫专业，为动漫人才培养提供了良好的条件。同时，企业、人才和产业集聚之间的良性互动也吸引着一批动漫人才加盟创业。

但是，苏州现在的动漫产业发展也存在一些问题，尤其是缺乏人才。苏州动漫两种人才最缺，一是形象创意人才，二是市场营销人才。

苏州创意产业的发展过程中注重文化艺术创造和科技创新结合。比如，苏州工业园区创意产业园是苏州工业园区国际科技园的第五期工程，占地面积近 40 公顷，总投资 7 亿元，位于园区独墅湖高等教育区南侧，自然环境优越，人文气息浓厚，发展环境得天独厚。在规划设计上，创意产业园注重体现"自然公园"的特质，力求人文与自然环境的和谐统一。创意产业是结合文化艺术创造和科技创新、知识密集型和科技密集型的新兴产业。它的发展，不仅需要智慧和资金，而且也需要作为触发创意灵感的源泉和产业孵化的良好平台。这个创意产业园将在做大做强软件开发、动漫游戏和集成电路设计等现有特色产业的基础上，大力引进、培育和扶持艺术、传媒、广告、时尚设计、数码娱乐及工业设计等现代创意产业，使之成为苏州市乃至整个长三角地区重要的软件工厂、创意设计车间、动漫制作加工等创意企业的聚集基地和创新载体。

（六）青岛

青岛具有经济发展优势、地理环境优势、人才资源优势和品牌优势，特色文化资源丰富，商业气息浓郁，相关产业基础雄厚，市场前景广阔，发展创意产业可谓得天独厚。在充分借鉴外地发展经验的基础上，青岛已经把创意产业培育成一个重要的经济增长点。在青岛发展创意产业的思路特点中很重要的一点便是，有关部门做好引导和服务工作，积极搭建创意产业发展平台，支持有能力的企业、机构和个人参与创意产业集聚区建设，推动创意产业与其他产业发展相结合，与工业布局调整和保护历史建筑相结合，与培育区域功能特色相结合，培育一批具有影响力的创意企业，加快形成独立的产业，同时带动其他产业快速发展。

（七）香港

根据资料显示，截至 2002 年 3 月，香港的创意产业从业人员超过 9 万人，占香港总就业人口 3.7％；创意产业在 2000 年的出口总值达 100 亿港元，占香港服务出口总额 3.3％；同年，创意产业产值为 250 亿港元，约占香港本地产值 2％。2003 年，香港与内地经济"更紧密经贸合作协议"（CEPA）的签订和粤港联席会议的实施，以及中央批准北京、上海、珠三角等部分城市居民可以个人身份前往香港旅游，大大推动了香港文化产业政策的调整。【港贸易发展局：《香港的创意产业》研究报告，2002 年 9 月】

2004 年 5 月，香港财政司长唐英年表示，为加强对设计及创新发展的支持，政府计划动用 2.5 亿元成立基金，推出"设计智优计划"，并成立"创意及设计中心"，汇聚各方人才。2005 年 1 月 12 日，行政长官董建华在施政报告中提出，要尽快设立文化及创意产业咨询架构，广纳产业界、文化界以及相关范畴的外地翘楚，共同探讨香港文化与创意产业的发展远景、路向和组织架构，研究如何发挥优势、整合资源、重点推进。

（八）上海

据 2023 年统计，当时全世界创意产业每天创造的产值高达 220 亿美元，并正以 5％左右的速度递增。作为智能化、知识化的高附加值产业。上海在创意产业的增长幅度与全球情况很相似，以上海盛大网络为例，在张江"呱呱坠地"时只有 50 万元资本，一跃成为纳斯达克市值最高的中国概念网络股。

2003 年，上海已经拥有第一批 18 家创意产业集聚区，总共占地 30 多万平方米，云集了 30 多个国家和地区共 800 多家创意类企业入驻，从业人员上万人。涉及工业设计、建筑设计、计算机软件设计、旅游品设计等各个创意产业领域。第二批 17 家创意产业集聚区的基本建设也已完毕。上海的创意产业园区大多位于原来的旧厂区，可塑性强，企业运营成本低，还会影响和带动周边地区的经济发展。上海的创意产业发展正逢其时。开始启动的张江基地，在普陀区、卢湾区、静安区、黄浦区已经先后形成了四个各具特色的创意产业群。位于莫干山路 50 号的春明都市工业园区，是上海最具规模的现代化艺术创作中心；泰康路已成为上海最大的视觉创意设计基地；昌平路新型广告动漫影视图片生产基地的建设已初具规模；而福佑路则无可争议地成为上海旅游纪念品的设计中心。创意产业的发展，对于今后上海产业结构的调整与升级至关重要。全球创意产业在总 GDP 所占的比例是 5％，而上海的这个数字已经高于全球平均水平，达到 7.5％。上海在创意产业上具备了一个初级创意产业园的物理形态。

上海市文化科技创意基地一期规划面积 10 万平方米，位于上海浦东软件园出口基地，主要依托张江软件园已有的技术优势和资源优势，着力发展偏重技术的软件产品研发和制作。基地二期选址张江高科技园区内，规划面积 20 万平方米，主要发展文化教育和文化艺术产业，是基地建设的重点区域。在带来大量艺术人才的同时，也带来了与创新有直接关联的文化交流。一场《梁祝》音乐会的火爆程度出人意料，原定 30 家企业的票短短 3 天之内就被抢订一空。张江不仅是中国的"硅谷""药谷"，同样也孕育着创意产业的希望。国内最大的两家网络游戏公司"盛大"和"九城"，矽幻科技、创新科技等电影后期制作企业，就落户于此。浦东新区联合文化部艺术服务中心、上戏、文汇新民联合报业集团、上海电影学院等单位，正式启动文化科技创意产业基地建设，像孵化高科技企业一样，精心孵化游戏、动漫等新兴创意产业。用于建设"文化科技创意产业"孵化器的创意大厦还未正式开张，已聚集了 30 多家艺术创新企业。

浦东新区相关文化产业政策也加紧"助推"：经过认定的文化科技创意企业，可在基地享受高新技术企业的优惠政策；"文化科技创意产业基地扶植基金"计划 3 年内每年投入不少于 500 万元。据不完全统计，进驻张江文化科技创意产业基地的各类文化创意企业已有 105 家，注册资本超过 9 亿元。张江文化科技创意类企业去年营业收入超过 25 亿元，带动相关产业产值约 200 亿元。张江已成为国内最大的文化创意产业基地之一，网络游戏产业产值占全国 75％以上，稳居龙头地位。这里的一草一木都带有艺术气息。800 平方米的当代艺术馆将竣工，22 米长的张江文化墙即将竖立起来，文学家公寓、创新驿站、艺术家客座工作室也会"现身"张江园区。在上海，创意产业正迸发出亮眼的"火花"。

上海创意产业进入了"点火"倒计时阶段。但这枚"火箭"将如何升空起飞？想要比肩于纽约、伦敦、东京等国际创意城市，上海还缺少些什么？创意产业最缺的，就是人才和氛围。海内外专家仍对上海"有产业、缺创意"的现状表示担忧。在纽约，文化创意产业人才占所有工作人口总数的 12％，伦敦是 14％，东京是 15％，而上海创意产业从业人员占总就业人口的比例还不到千分之一。其中亟须两大类人才：既通晓创意产业内容又擅长经营管理的管理者和灵感迸发、创意迭现的创作者。

创意产业管理者，是把握并落实创意产业发展方向的执行人。国际上流行的 15 项核心创意产业行业中的 13 项为文化艺术类，2 项为科技类。这就要求创意产业的管理者，起码要粗通广告、建筑艺术、艺术品和古董市场、手工艺、设计、时尚、电影、音乐、表演艺术、动漫等艺术门类，同时，还要对研发和软件技术略知一二。创意产业管理者应该精通管理，管理本身也要有"创意"。

灵感如泉涌的创意产业创作者，也是上海的"缺门"。动漫产业最缺的就是优质国产动画片——缺的就是优秀动画创作者。美影厂多年来没有推出过动画影片；更多的民营动画公司还执着于技术指标而不懂镜头语言；多年来红遍全国的歌手中，少有上海人；要拿全国编剧的最高价必须去北京；一度红火的"画家村"还未开始盈利就分崩离析；曾经创造连载漫画发行数个"第一"的《漫动作》杂志短短一年间就销量锐减……这都是因为缺乏拥有创意的管理者。

如果就前两个问题征询目前创意产业的从业者，大多会把焦点归结于"大环境"的营造上。"创意产业"从无到有，的确在成长初期缺乏足够的"维生素"，"氛围"在于创立一套激励全民创意的机制及评判标准，教育环节、政策扶持和评价系统。艺术教育的责任就是普及"审美"，上海不缺技术、不缺模仿、缺的就是"审美"。拥有"审美"就能对13项核心创意产业中的文化艺术门类"有感觉"。海外的创意产业基地或园区，都有培育成长型创意企业的整套政策，其中最为重要的就是激励方式——并不单纯给予奖金或者房租的优惠，而是拥有常设的维护机构、定期的整体宣传、整体的海外交流措施。与此同时，要提倡全民创意的精神，只有这样才可能爆出创新的点子，构成创意的项目。

第三节　探索创意产业的发展规律

在两年的调查研究的基础上，我们对于创意产业的发展规律进行了分析和研究，并与上海社科院创意产业研究中心、北京大学创意产业研究中心进行了交流，并将研究的成果在 2004 年、2005 年召开的相关创意产业研讨会上加以发表，也写进了 2005 年我所著的《知识与资本——上海创意产业发展战略》一书。

创意产业虽然还是一个新兴产业，一些发达国家对这一领域已有了探索并取得了一定的经验。将这些国际经验进行研究和分析，对发展自己的创意产业，寻找新的产业突破口必定会大有益处。通过比较分析各类数据、案例以及国际交流活动，我对发展创意产业有了以下几方面思考。

一、发展创意产业的若干启示

一是创意是能带来价值增值的资本。

什么是资本？能带来增值的价值就是资本。创意或文化，也是一种资本。好的创意能引起人们的共鸣，继而带来巨大的增值。一般而言，商品的市场价值可分解为使用价值和观念价值两部分。前者体现为客观的具有一定使用功能的商品特性，后者是主观的可以体会和感受的无形附加物；前者由科技创造而成，是商品的物质基础，后者因文化渗透而生，是附加的观念。随着经济的发展，构成商品市场价值的这两部分的比重会发生变化。在经济发展水平低下、技术比较落后、物质还比较短缺的时代，人们重视的是商品的使用价值，因此商品的市场价值主要取决于使用价值。但当人们摆脱了短缺经济，从温饱走向小康和富裕时，便越来越重视商品所包含的观念价值。于是商品的市场价值便越来越取决于其观念价值。

与传统产业相比，创意产业的价值增值效应更为明显。因为创意产业是头脑产业，创意产品在具备使用价值的同时，观念价值大大超出传统产业。

二是富含文化和创新技术的内容是创意产业价值增值的根本源泉。

如果说20世纪上半期，世界范围内的竞争主要围绕城市展开，并主要集中在硬实力产业方面的话，20世纪下半期以来，这种局面发生了根本改观。尽管竞争的发生地依然是城市，但竞争的主题却更多的是围绕软实力产业方面，硬实力因素日益呼唤以文化内涵、文化价值来提升自己的能级。以往那种"文化搭台、经济唱戏"的方式来为产业发展造势的做法，已经明显不能满足知识经济时代的需要。在知识经济时代，国际社会更需要自然科学与社会科学的交融并进。仅有科技的创新，没有文化内涵的产业构架会自然散失效益倍增的机遇；而仅有文化内涵却缺少科技创新含量的产业构架也必然失去发展的后劲。

创意产业正是这两者完美结合的产物。新科技的发展使数字网络技术应运而生，数字网络技术与所有传统媒体在一种新技术平台上统一起来，无论是照片、音乐、文件、视像还是对话，都通过同一种终端机和网络传送及显现，从而使语音、广播、电视、电影、图片、报纸、图书和杂志等信息内容融合为一种应用的或服务的方式。这种数字融合不仅改变了信息获取的时间和空间成本，更主要的是其技术进步发生在各种业务和产业边界，为创意产业的诞生提供了重要的技术支撑，使创意产业模糊了传统的产业边界，更颠覆了过去的商业模式。另外，与以往创新科技背景下形成的产业不同，创意产业突出了文化的作用，它不再以生产制造为核心来进行思考，而强调创意、文化，以深厚的文化内涵作为产品内核，然后用创新技术将其武装起来。

三是产业链的形成为创意产业持续不断的价值增值创造前景。

创意产业实际上由两个部分组成，一个是创意，一个是产业。一个创意带来的价值增值是相对有限的，但如果能将创意发展成为产业，则价值增值的空间将大大扩展，如果再能在既定产业的基础上，继续进行市场拓展，向其他产业渗透，形成产业链，那么价值增值的空间将会无限延伸。

所谓"创意产业链"，强调以创意为龙头，以内容为核心，驱动产品的制造，通过营销拉动分销产业，通过持续不断地对后续产品的开发来拉动支持产业，形成上下联动、左右衔接、一次投入、多次产出的链条。在建立产业链条的过程中，"分工协作"和"价值扩散"成为两个相互对应的导向。"分工协作"不仅要求企业内部每一个组成部门参与分工协作，还要求隶属不同子产业里的企业能够积极参与分工协作，发挥不同产业的专业特点、突出的核心专长和核心技能，从而提高经营效益，降低生产成本。"价值扩散"是指把创意的核心价值通过合作开发、技术或者版权转让的形式，扩散到周边的上下游产业中，形成长线生产能力，最大限度地扩大价值产出量。

四是创意产业的价值增值效应大小取决于产业的辐射性。

与传统产业对其相关产业的个位数的拉动作用相比，创意产业对其相关产业的拉动效应是可以用十位、百位、千位甚至万位数计算的。

各种类别的创意产业都无一例外地能带来放大的价值增值效应。如盛大网络属于时尚消费类的创意产业，其通过自身的游戏开发、运营和渠道带来价值增值的同时，带动计算机、软件、互联网、移动通信、网吧、游戏机以及电影、出版、展览等多行业的庞大的价值增值体系。《哈利·波特》属于文化传媒类的创意产业，但也能通过自身的图书出版、影视、广告等产业的价值增值，慢慢扩散到旅游、服装、网络游戏、玩具、餐饮、食品、文具等众多行业。创意产业价值增值源于其知识性的内容本质，价值增值的程度取决于其对关联产业辐射的广度和深度，取决于其对产业群形成的示范效应。上海要发展创意产业，全面扩展创意产业的广义价值增值效应，除了定位好将重点发展的创意产业类别外，更需要在相关产业链的培育、产业群集聚的引导等方面作出努力。

五是创意人才为创意产业价值增值提供新鲜的血液。

与其他产业不同的是，创意产业是软产业、头脑产业，它打破了传统"工业经济"时代。创意经济时代，线性的价值链变成了循环链，任何一个阶段都可能因为加入的创意而改变原有的价值构成，形成增值。比如，设计发明者可以由生产制造者、分配销售者甚至消费使用者产生。这个循环链必须由创意人才贯穿其中作为支撑。因而发展创意产业，需要形成由各类创意人才组成的创意阶层。

创意阶层通常对特定地区具有独特的偏好：其一，这些地区集中了人才和其他创意智能，在全然不同的领域里开发自身的才智，创造出新的价值；其二，这些地区的技术允许每天创造出值得探索的新领域，创造出用于探索那些领域的新职业机会；其三，这些地区可能每天都碰到差异，容纳并允许不断变化着的颇为不同的经历、观点和历史；其四，这些地区就像机场，始终是开放着的、始终是发挥着作用的。它欢迎创意者，为他们在信息上、学习上、娱乐上的需求服务，在那里可体验到真正不同的情感、历史和经验。

对创意者更具吸引力的是地区，地区是创意的孵化厂，地区是当前时代的新创意经济中心。换句话说，创意显示出一种强烈的"恋城倾向"。因此，城市和现有区域性制度的制定应优先定位于人，而非企业。如果在吸引创意人士上取得成功，如果变成了一个创意的识别标志，就有可能成为吸引企业和第一流商业界人士的城市。

纽约文化创意产业的从业人员占该城市全部工作人口总数的 12%，伦敦是 14%，东京是 15%。相比，上海的创意人才占总就业人口的比例明显偏低。上海能否担当起国际创意产业中心城市之一的重任，关键是能否吸引并留住创意人才，在社会上形成具有一定影响力的创意阶层，进而创造创意都市的氛围。

六是产业集聚是推动创意产业发展的催化剂。

产业集聚，又可以称作产业聚集、产业簇群等，它不是从上而下的一根链条，而更像是一簇生机勃勃的野生丛林，掺杂着鲜花、药草、刺槐和昆虫，迸发出野性的活力。它往往把相关的各种企业、研发机构、工作室、艺术家俱乐部等组合在同一个空间，不但降低了开发的成本，而且在相互的穿插渗透中，形成许多新的组合。

如果说创意时代的到来，呼唤创意资本的汇聚，那么创意产业园区的实践，则呼唤着新的社会组织结构。它是一种连接过去（丰厚的文化遗产）、现在（社会共享的多元文化）、未来（创意的文化产业），以个人创意和产业化的组织形态作为核心的一种族群结构，是一种远比一般城市和村镇生活更能聚集创意资源的优良社会结构。

同其他产业，如电子制造业、金融业、纺织业等发展规律相类似，许多国家和地区创意产业的发展也日益呈现集聚现象，形成孵化一个个创意和生产力的"蜂房"。其中，有像加拿大渥太华—卡尔顿地区那样，以大学为基础而连接信息、软件、游戏等产业的科技型园区，充满了科技和研发的攻关气息；有像中国台北市的华山艺文园区那样，洋溢着自由创造的气息，吸引大批文化人、艺术家、会展工作者、设计师等来这里进行各种创作、会展和交流活动；也有像已经启动的深圳文化创意产业园那样，以"孵化＋投资"为基本模式，按照"企业运作、政府支持、行业集中、功能完善"的基本原则，吸引活跃的创业投资，形成具有研发、投资、制作和培训的产业基地；还有像英国的许多中型创意园区，比如中部的谢菲尔德市，在火车站对面有一个名声很大的文化产业区，它并没有巨大的空间面积，而是以"族群效果"或者说是"群聚效益"为主，包括了 31 栋文化和创意建筑，比如千禧年博物馆、大学科学区、图书馆、BBC 电台、Site画廊、艺术家村、油画陈列馆、艺术工作室、投资机构、中介代理、电影院和娱乐中心、咖啡厅等，它们组合在一起，形成相互聚合、渗透激活的"引爆效果"。

国际和国内经验均显示，创意产业的分布具有区域上的集聚特点，这些创意产业形成了一个个价值增值的扩散核，向周边地区发出强大的辐射。

创意产业集聚区的形成与个性品牌构建和区域性传统产业集群的构成有密切的关联性，区域性传统产业集群是创意产业的知识产权转化基础，是将创意产品直接转化为产业化的先决条件。在创意产业实现价值增值的同时，必然带动传统产业集群的价值增值，形成"面对体"的价值扩散效应。

总之，发挥创意产业园区的活力的关键在于上下左右的贯通，即人和各种资源的默契合作，在流动中整合。不仅政府、企业、非政府组织、私人项目要上下贯通，相互配合，而且投资、加工生产、发行营销、中介、物业等各个环节也要相互衔接。

七是政府的积极引导为创意产业价值增值铺平道路。

当前国际性大都市的周边出现了带有全球意义的"文化创意产业的集聚或者中心区域"，使创意产业逐渐呈现地缘聚合的特点。其中，地方政府起到了至关重要的引导作用。

具体来说，作为一个新兴的朝阳产业，创意产业的快速发展离不开政府应该肩负的职能：

一是投入创新资源。

政府是除企业外的创新资源的主要投入者，但是两者在资源投入方式上相差迥异：政府占据的是公共资源，这决定了其投入的方向主要表现在基础性研究与创新、竞争前研究与创新、引导性研究与创新。

二是提供公共服务平台。

各国和各地区创意产业的推进都是由政府首先提出的，由政府提出宏观发展远景，对创意产业发展进行全面研究，包括产业现况与发展策略、推动出口政策研究、地方创意产业发展、创意生活化等等。政府致力于国与国、政府与学界、政府与业界、企业与企业间的合作，通过对外宣传为企业提供交流机会。政府也可以通过与他国政府的合作，突破一些法令障碍或使业者进入其他国家的市场。政府与学界合作，培养业界所需人才，广征业界意见，作为国际谈判的参考等等。实际上政府的角色定位在于提供一个创意产业发展的公共服务平台，提供人才培训、项目评估、咨询、项目运转、资金等创意产业发展的必要支撑。

三是成立专门的机构以保证政府政策的实施。

英国成立了创意产业专职小组收集全面可靠的数据并拟定促进英国创意产业发展的行动，成立创意产业输出推广顾问团推动创意产品的出口；

韩国政府为了推动文化创意产业设立了文化产业局，以政府的力量投入文化基础设施建设；中国台湾地区成立"文化创意产业推动组织"，包括"文化创意产业发展咨询委员会""文化创意产业协调推动小组""文化创意产业协调办公室"，具体推动文化创意产业的发展。

四是激励和带动企业进行自主创新。

通过税收、金融、采购与购买补贴等综合性政策，多角度多方位引导企业走入自主创新的轨道。当然，政府要引导产业的发展方向，但绝不意味着直接过度地干预其具体运转，担当保姆角色，而是侧重于在宏观背景下引导、创造软硬环境。

五是鼓励中小企业发展创意产业。

创意企业多为中小企业，特点是资本额小，不易进行研发、开拓海外市场。因此需要由政府确定有创新能力的个人或企业，拓宽创意企业的融资渠道、降低融资门槛，使其能得到其发展所需资金，以打破资金方面的瓶颈。如日本对中小企业的支持包括对中小企业进行经营及技术强化支持、专家聘请、产业创新整合活动模式、灵活开展地方小规模经营活动，鼓励中小企业在竞争中创新、开办中小企业海外展示会、针对中小企业发展空间开展调研并指导实际工作。韩国政府通过设立"文化产业基金"，提供新创文化企业贷款，使得中小企业也能贷到资金，开始文化创意的研发生产。

六是制定立法保障创意产业的发展。

知识产权是创意产业的财富之源，如果把创意产业作为一种物态财富，则它其实是知识产权的形成、保护和积累的过程。只有成为文化创新的组织者和主导者，提供独特、赋予个性化的内容，才能拥有自主知识产权。20世纪90年代中期以来国际出版集团的收购兼并浪潮无一不是围绕着品牌和知识产权而展开的，而它们在全世界市场的扩张也无不是通过品牌来进行的。

同时，发达国家都建立了比较完善的知识产权保护体系，树立了比较强的专利意识，极大地鼓励了创意活动的开展。以风靡全球的《哈利·波特》为例，从图书的畅销、电影的热映和其他衍生产品的热销，哈利·波特已经演变成时尚品牌和利润的代名词，与其相关的一切事物都成了青年人津津乐道的话题和追捧的对象。就是凭借强烈的知识产权保护意识和比较成熟的知识产权保护体系，原著的作者、主要出版社以及华纳兄弟电影公司从全球的图书畅销、电影热映和其他衍生产品中牢牢控制了利润的分配，获取了丰厚的收益。

七是营造创意生活氛围。

政府在以产业发展及行销的角度来推动创意的同时，应意识到公民创意生活的重要性。通过扶持公民创意发展、提供公民与创意的接触等措施，不仅可以使人们可以享受到创意的人生，同时也为产业发展打下基础。

二、创建创意型城市的主要条件

创建创意型城市必须具备的主要条件有：明确的发展蓝图；城市具有鲜明的个性；具有长期行动计划；政府具有决策力和有效的机制；具有迅速实现目标的能力；善于推广大型活动和重要项目，吸引注意力。

创意产业适合在什么样的城市中发展？一个城市如何才能成为创意城市？引发创意城市的要素何在？（见图7-1）。

创意产业主要集中于一些较有影响力以及经济基础较为完备的都市，尤其是进入富裕型小康经济形态后，人们更重视新生活方式的产生，并将这种创造性作为都市发展与竞争的新亮点。

创意产业的发展需引起政府的高度重视及大力倡导与推动。

创意产业发展要求城市具有一定的消费能力和消费水平，使以文化为核心的创意产业的产品形态和服务形态产生广泛的社会消费需求。

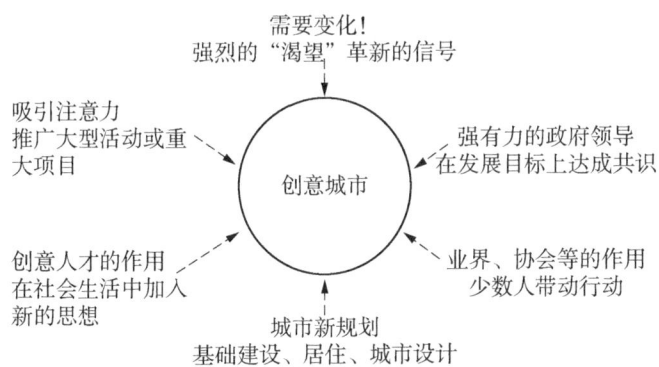

图 7-1　创意城市形成的要素和条件示意图

　　创意产业建立于一个城市的文化积淀之上,因此城市是否具有强大的文化基础,关系到创意产业能否持续发展。

　　城市经济发展中面临的问题和矛盾,需要有一个经济发展的核心驱动力。可以预见,创意产业作为城市经济发展的新动力,必将起到越来越重要的作用。

　　城市经济未来发展的关键在于找到发展的核心动力。如果要从根本上解决城市经济发展问题,这一核心动力就必须具有绝对的竞争优势,成为城市经济的驱动力量。而作为核心动力的产业的发展速度应快于其他产业,其影响结果将使市场上其他经济单位的发展模式发生质的飞跃。

　　经济要有大的发展,竞争优势应从劳动密集型、资本密集型向知识密集型转变,发展动力应由要素驱动、投资驱动上升到创新驱动。当然,这仅有创新还是远远不够的,信息和新技术要在一系列的逻辑决策中得到运用,用创意来创造性地使用这些创新要素才称得上是经济发展的核心动力。因而可以说,创新固然重要,但如果不发挥创意,将创新资源付诸应用,创新就不能变为经济增长发动机的"燃料"。创意产业的特性决定了它能将所有产业的优势和创意价值发挥出来,形成经济整体的集群优势,综合提升城市的经济竞争力。创意产业在未来产业结构调整和城市功能完善中的战略定位,是解决经济发展问题的关键。

因此，创意产业作为城市经济发展的新动力，是经济发展的客观要求，也是提升城市竞争力的必然选择，具体可以从以下四个方面考虑：

一要制定创意产业发展总体规划。

发展创意产业的关键是要通过制度创新、政策支持来营造一个良好的环境，这一良好的环境的直接表现就是实施有效的政策扶持，即必须由政府予以政策性引导和调整，为创意产业的健康发展创造良好的制度环境。

因此，制定创意产业发展总体规划，明确创意产业为新一轮的支柱产业，是十分必要的。只有这样才能将其纳入"科教兴市"主战略，确定重点扶持发展的行业和规划创意园区布局，制定未来若干年发展的政策导向，完善和优化创意产业发展的内部与外部环境。

二要加大资金、税收和投融资方面政策扶持力度。

创意产业还处于起步阶段，政府要从支持和扶持的角度制定相关政策，在财政政策、融资政策、激励政策等方面实施一定优惠措施，促进创意产业的发展，要积极引导社会资本介入创意产业，多渠道筹集创意产业发展资金。

从发达国家发展创意产业的经验来看，除了财政提供必要的直接支持，如对重要的创意企业、重大项目提供减免税、贷款贴息和担保等之外，对创意产业资金支持的普遍有效的形式是建立各种创意产业发展基金，其资金来源有政府拨款、企业投入、社团和个人的捐助。任何创意产业领域的团体和个人，只要有好的创意项目都可以向有关基金申请资助。国家对企业和个人的捐助应免征所得税，并允许企业和个人命名。

三要大力扶持创意企业发展，激活企业创意潜能。

创意产业的性质和特点不同于传统产业，其繁荣发展要依靠大批自由灵活而又富于创新精神的中小企业。由于这些中小创意企业主要是大众文化的消费的产业，它们必须与市场紧密相连。然而，习惯了非商业艺术创作的艺术家们在迈向市场的时候往往步履维艰，并常常是孤军作战。数量繁多的中小创意企业，也往往缺乏稳定性和大企业所能提供的科研和实验环境。

　　因此，除了在政策上、资金上对中小企业适当倾斜外，还要努力构建和完善公共服务平台，包括提供专业化创业设施、技术服务、信息服务、经营管理和政策指导，组织交流、展览、展示，市场推广等。

　　四要打开创意产业国际合作的新局面。

　　产业发展的基础在于市场，所以许多发达国家的政府都采取各种措施刺激创意产品的市场需求，如新加坡政府就提出要带头使用优秀的创意作品。美、英、日、韩等国更是充分利用国家政治、经济、外交等资源，大力推动本国创意产业产品的出口，拓展海外市场，并借以扩大本国的文化影响力。如韩国政府就斥巨资支持企业参加在中、美、日、德、法等国举办的文化产品展销活动，补助影视作品翻译成外语的制作费用，并建立"影像制品出口支援中心"，全力推进文化输出，并以"韩流"带动韩国其他产品，如服装服饰、美容化妆、电子电器等产品的出口。

　　我国的创意产业还比较薄弱，而政府手中掌握着大量的具备创意产业要素的各种项目，可以通过政府采购和订单引导消费，培育市场，扩大内需。此外，还应借鉴发达国家经验，大力扶持鼓励创意产品的出口。

　　以上的调查和研究成果，我曾在国家信息化专家咨询委员会举行的专题会上进行过汇报，并得到了专家们的认可，并多次在国际会议上做主旨发言，也为联合国南南合作组织撰写的关于推进全球创意经济报告提供了实例和理论分析。2005 年我完成了《创意——知识到资本》一书的写作工作（2007 年由上海文化出版社出版），该书对发展创意产业进行了较系统的论述和分析。由我领衔的《推动上海创意产业发展战略思考》获得 2006年上海市政府政策咨询研究课题二等奖。

第八章

关于创意学科的理论探索

教育部、上海市教委批准上戏首创创意学院以后，我受学校党委的委托，和学校行政领导马不停蹄地开始了新学院的筹备工作，其中最重要的工作就是创意学科教材的编制工作。学校搭建了学科教材的编制班子，在实践调研和理论研究成果基础上，数易其稿，全国第一本创意学科的教材终于问世了。这本教材一直作为上戏创意学院的基本教材，并为许多大学先后建立的创意学院在教学时使用。考虑到全国关于创意学方面的教材并不多，且需求很大，社会上对于创意产业的理解也多感肤浅，以下，我想多占一些篇幅，介绍创意学教材的主要内容。

第一节　创意学的理论概述

随着 20 世纪 90 年代知识经济的兴起，以及发达国家由工业经济形态向知识经济形态的转型，著名经济学家罗默提出的"新创意会衍生出无数的新产品、新市场和创造财富的新机会，因此创意才是推动一国经济成长的原动力"这一论断，正在实践中不断得到有力地印证。1998 年出台的《英国创意产业路径文件》中提出"创意产业"的概念为"起源于个体创意、技巧及才能，透过智慧财产权的生成和利用，有潜力创造财富和就业机会的产业"。

20 世纪末，英国凭借创意产业改变了其传统工业化国家衰落、保守的形象。韩国依托创意产业，走出了 1997 年金融危机的阴影，并在亚太地区掀起了一股"韩流"热潮。日本销往美国的动漫及相关产品的总收入，超过其出口到美国的钢铁总收入的四倍。澳大利亚政府 1994 年发布第一个国家文化发展战略，将创意产业发展作为一项国家战略加以实施。新加坡于 1998 年就将创意产业定为 21 世纪的战略产业，并出台了"创意新加坡"计划。联合国也开始探讨如何通过创意产业促进发展中国家的经济和社会进步，为实现"千年目标"寻找出路。可见，知识经济新的发展阶段——创意产业正在向我们走来，成为经济发展的强大推动力量。

中国经济发展已经具备了相当的基础与规模，2000 年人均 GDP 达到 1 000 美元，有些地区已超过 5 000 美元。与此同时，中国对外贸易依存度也达到了 70％以上，粗放型加工模式引发的贸易摩擦不断增加，改变经济增长方式迫在眉睫。

我国已经将自主创新提升到国家战略的高度，提出"把增强自主创新能力作为科学技术发展的战略基点和调整产业结构、转变增长方式的中心环节"。自主创新战略的出台，必然会对文化和创意产业及创新型服务业产生巨大的推动力，为中国发展创意产业提供了战略机遇。

从工业化起步来看，我们比西方国家相差了 200 年；信息化起步，我们与西方国家相差了 50 年；发展创意产业，我们与发达国家则几乎处于同一条起跑线。这一历史的契机，决定了我们更要抓住机遇，进一步加深对创意产业的认识和研究，把发展创意产业同贯彻"科教兴国"战略、提升产业结构、增强综合竞争力紧密联系起来。

为了创意产业的健康发展，我们需要着力研究创意产业的核心本质、内涵外延、基本规律，建立起观察文化、科技、经济关系的新视野，并在这样一个平台上引导创意精神的蓬勃发展，培育具有创新意识和实践能力的创意人才。这就是创意学建设所面临的主要任务。

主要围绕以下几个方面展开研究：①创意产业的核心与源头是文化，文化与技术、资本等要素在创意产业中达到高度融合；②创意产业具有高度融合性，可以带动新兴产业的发展和传统产业的改造，并通过新型的整合方式形成产业链；③对城市核心竞争力的衡量，将越来越倾向于其是否具有良好的创意环境，使创意人才在其中充分发展。我们希望把创意学建设成为一门充满生气、不断发展的新兴学科。

一、创意学理论的性质

创意学是研究如何以丰富多彩的文化为源头，以信息化为代表的当代科学技术成果为前提，充分激活人所独具的睿智才华和非凡的创造潜能，并使其独特的创造形成产业，从而引领经济发展、文化建设与社会进步的学科。我们所研究的创意学，随着创意产业的兴起而形成和发展，其深深根植于创意产业，同时也根据本国本地区历史和现实的特点，构建起具有中国特色的创意学理论。

创意，在创意学学科中有其特定的内涵。这种内涵体现的是创意产业的目的与要求，也就是创意作为一种既单纯又复杂的事物，以新锐的姿态和创新的意识运作文化，进而使依托于文化的创意形成产业，或者使产业因文化的创意而文化化。因此，以创意产业为对象，以文化的产业化和产业的文化化为目的的创意学研究是一个极其复杂的系统，即由若干相互关联但又各不相同的学科相互融合交叉而构成的知识体系。

20世纪下半叶以来，科学技术的高速发展，经济的全球化，促使了许多新兴学科的诞生。观察这些新兴学科，我们发现它们共同表现出的一个总体特点是综合性特征。所谓综合性，就是对以往学科的高度兼容和最大限度的整合，也就是说，具有彼此渗透、相互交叉、一体共存的鲜明特征。同时，这些新兴学科又是以完全独立的面目出现的。创意学作为新兴学科，便是在这样的背景下诞生的。

（一） 创意学的发展沿革

创意学所根植于的创意产业，作为一个独立的名词所产生的时间并不长，但是随着现代产业发展的推进，创新、文化等这些在产业研究中居于次要地位的要素越来越引起注意。在这一背景下，有关创意、创新对经济发展影响的研究不断推向深入。

著名经济学家熊彼特可被看作是创意研究的鼻祖。早在20世纪初，他就敏锐地指出，现代经济发展的根本动力不是资本和劳动力，而是创新。在《经济发展理论》中，他提出："所谓创新，就是建立一种新的生产函数，也就是说，把一种从来没有过的关于生产要素和生产条件的新组合引入生产体系。这种新组合包括以下内容：引入新产品，引入新技术，即新的生产方式；开辟新的市场；开拓并应用新的原材料；实现工业的新组织。"这些理论首次明确了创新在经济增长中的重要作用。

美国学者亨廷顿在冷战结束后指出，21世纪的竞争是在各个领域多元化的竞争。当知识经济向我们逼近时，运用文化资本增强竞争力，提高附加值是企业必须思考的战略问题，因为产品的经济价值越来越取决于以文化为底蕴的观念价值，而市场竞争已从产品之争转向文化之争，或者说越来越依托于文化的辐射力。

著名经济学家罗默开始了关于创意的论述，他于1986年指出，新创意会衍生出无穷的新产品、新市场和创造财富的新机会，因此创意才是推动一国经济成长的原动力。

1990年，著名管理学家波特提出经济发展四阶段论。这四个阶段分别是"要素驱动阶段"——经济发展的主要驱动力来自廉价的劳力、土地、矿产等资源；"投资驱动阶段"——以大规模投资和巨大规模生产驱动经济发展；"创新驱动阶段"——以技术创新为经济发展的主要动力；"财富驱动阶段"——追求个性的全面发展，追求文学艺术、体育保健、休闲旅游等生活享受，成为经济发展新的主力。

历史学家戴维·兰德斯在《国家的穷与富》一书中断言，如果说经济发展给了我们什么启示，那就是文化乃举足轻重之要素。诺贝尔经济学奖获得者、前世界银行副行长斯蒂格利茨指出，以往的发展经验给我们两个至关重要的教训：一是仅仅依靠发展经济来减少贫困和保护发展的持续性是不够的；二是技术绝对不是解决所有问题的办法。这些提醒我们必须改变错误的观念和行为方式，而改变的源泉就是文化。他解释道，文化不仅是艺术、音乐、舞蹈和戏剧，而是整个的生活方式。从某种程度来说，文化是一种提升的过程。

经济学家约翰·霍金斯在《创意经济》一书中，把创意产业界定为其产品都在知识产权法保护范围内的经济部门。知识产权有四类：专利、版权、商标和设计。每一类都有自己的法律实体和管理机构，每一类都产生于保护不同种类的创造性产品的愿望。霍金斯认为，知识产权法的每一种形式都有庞大的工业与之相应，组成了创造性产业和创造性经济。

从创意学意义上说，创新与创意之间的内涵密切相连，但又各有侧重，对其进行认识，有利于我们更好地理解创意学。

创新主要指的是知识创新，通过科学研究（包括基础研究和应用研究）获得新的基础科学和技术科学知识的过程，目的是追求新发现，探索新规律，创立新学说，创造新方法，积累新知识。在这里，"知识"不仅包括科学技术知识，还包括人文科学知识、商业知识和工作中的经验知识等。知识创新强调创新是来自未来的竞争要求，创造新思想并转化为市场前景广阔、具有发展潜力的商品，为未来持续增长奠定基础。与创意相比，"创新"一词主要应用于工业领域。

创意是创新和文化的有机结合，作为一项新近发展的特殊产业门类，创意产业是文化产业与高新技术结合在一起形成的新经济形态，它不局限于文化产业一个领域，而是涉及具有高科技含量、高文化附加值和丰富创新度的任何产业，其主要特征是科技含量增高，文化内涵丰富，产品研发、设计环节的投入越来越大，而制造环节的成本却相应地逐渐缩小，高科技带来文化产品高附加值，不但能够完成价值转换，更能实现价值增值，从而成为新的经济增长点。

（二） 创意学的理论特征

澳大利亚学者迈克·金曾作过这样一种展望：21 世纪我们（消费者、观众和公众）将会经历利用文化资源方式的空前变化。文化被生产、传播和消费的方式将越来越取决于知识创新和全球化市场。文化研究这一概念应该脱离批判文化理论的学派并且严肃地作为一种产业来对文化进行思考——一个可以提供就业、培训、出口税收和外汇的产业。

可以说，创意学理论是以文化如何实现产业化或产业如何文化化为其宗旨，因而它作为当代一门新兴学科，便具有了鲜明的产业上的应用性（产业化）特征，创意学由此也获得了其强烈的实践性品格。

20 世纪末以来，创意产业作为一种以创意精神或创意意识为统领的产业而逐渐引起关注和重视。创意产业的潜在力量一旦被认识，必将如同奔腾向前的江河之水而不可遏止。创意产业在国际上崛起时，正逢中国经济在经历改革开放 20 多年后，进一步与国际经济相衔接，融入世界经济大格局大循环中。在这个背景下，如何促进创意并推进创意走向产业化，是创意学学科建设所必须回答的根本性的问题。其中的诸多问题，如创意产业的本质特征、文化与经济的关系、创意的产业化途径、创意的独创性、创意与新技术的关系、创意环境的建设，乃至创意与中国文化精神的关系、创意的中国特色等，无不是当代创意产业的实践所提出的，而对这些理论问题的探讨又反过来推动、指导、影响了创意产业。因此，创意学的实践性品格决定了它是一门充满蓬勃生机的科学。创意学本身也将不可避免地研究新问题，进行新的探索和创造。

创意学理论具有开放性。

在论述创意学的学科归属时，我们已经阐明创意学多学科融合、交叉、渗透的特点。这决定了创意学理论构建具有极大的开放性。

我们所说的创意学是从文化艺术学入手，综合了系统论、工程学、产业经济学、社会消费学、市场营销学等学科，其开放性显而易见。

正是有了这种开放性，创意学在建设过程中必须打破传统学科划分过细过死的局限性以及某些既定的思想观念，以开放的而不是褊狭的态度面对和把握真理性的东西。这是我们在建设创意学学科建设时，所应具备的基本认识。

（三）创意学的主要内涵

1. 文化内涵

文化是创意产业的核心，是创意学构建的基础与切入点。因此，创意学首先具备文化的内涵。

首先，文化具有历史价值。人类进入社会生活，开拓了高于其自然属性的文化。人的衣食住行、社会实践、伦理观念以及对其身处世界的认识和改造，属于文化形式的活动。由于这些活动的文化属性，人的生活方式、风俗习惯、心理特征、审美情趣、价值观念等就获得了历史性和传统性价值。

其次，文化具有认识价值。文化体现为人类全部历史创造的精神体系，是人们认识活动和实践活动成果的反映，是人的智能、力量和价值的凝聚和体现，文化包含着丰富而深邃的认识价值。

此外，文化具有很高的现代应用价值。文化体现为人类智能力量的持续开发形态，其生成基础是社会人迭代相继的物质生活探索和精神生活升华。文化的生成现象表现了它对社会人感性物质生活和精神生活的沉淀和积累，对于后续时代发挥着与时俱进的应用价值。

2. 创新内涵

创新是现代经济增长的核心要素。著名经济学家熊彼特提出了具有划时代意义的创新理论，将创新引入经济可持续发展的基本要素里。

在1912年出版的《经济发展理论》中，熊彼特指出，创新是经济演变过程中永不衰竭的动力，将一种从来没有过的生产要素和生产条件的新组合引入生产体系；创新是一种企业或产业内在的因素，是一种非均衡的创造性的毁灭过程，这种创新过程是通过企业家实现的。外生的科学和发明通过企业家活动的中介引起了新产业部门的成长和新需求领域的开拓，成为经济发展的原动力，这种原动力如果汲取上述提到的文化的多重附加价值，就能够形成一种新的资本组织形式——创意资本。"创"是创新，是手段和措施；"意"为文化，是附加值的实现载体，"创"与"意"的结合能够实现文化的多重经济价值在创新动力推动下的增值效应，从而形成创意资本。

3. *产业内涵*

当创意资本以创新为主要手段进行以文化价值增值为目的的资本运营时，就产生了创意产业（见图8-1）。具体来说，创意产业就是采取新技术、新材料、新组织形式或新管理方式等创新措施，进行创意产品生产，在此基础上研究潜在市场，分析市场需求，提供文化服务，实现文化价值的市场增值，并且在知识创新进步的基础上不断扩大生产，增强市场的竞争力和控制力，实现创意资本和企业的积聚和集中，从而形成产业化运作。

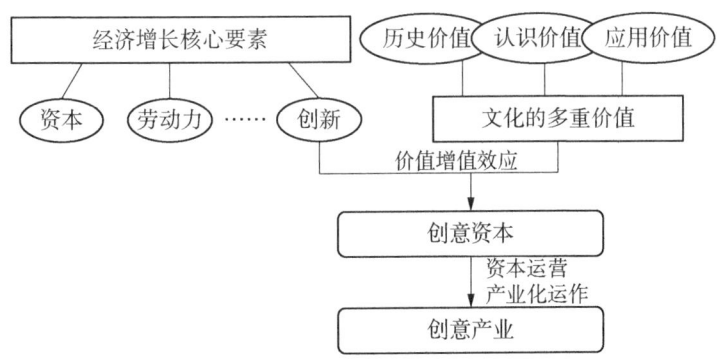

图8-1　创意产业内涵示意图

二、中国当代创意学理论建设

创意学学科理论是伴随着现代经济的发展而出现的。中国建立市场经济体制较晚，但是，发展的步子较快，特别是在北京、上海等经济发达地区，表现得就更为突出一些。因此，为推动我国经济的健康发展，在创建都市新兴产业的布局和实践中，纳入创意产业，并使创意产业成为创建都市新兴产业体系的最主要的组成部分之一势在必行。为了适应这一市场经济的发展大势，中国当代的创意学理论的建设成为一项重要任务。

然而，要建设符合全球经济发展大势和具有中国特色的创意学理论，至少要在三个方面的问题具有充分认识，即理论基础、中国特色、当代性。这是建设中国创意学理论所奉行的基本精神。

（一）深厚的中国特色

中国的创意学理论应该具有深厚的中国特色。具体地说，创意学既然是以文化创造价值为自己的信念，那么，创意学理论本土化的问题便是建设中国创意学理论无法回避的问题。在这里有两点必须加以提示。

首先，必须以中国特有的历史文化为资源，同时汲取西方的成功范例，总结本国既有的现实经验以构建中国的创意学理论。就中国特色而言，中国是一个有几千年历史的文明古国，中国古代文化灿烂辉煌，是世界文化中的瑰宝，极富价值。因此，这就为创意学理论提供了取之不尽、用之不竭的资源。所以，离开中国的历史和文化以及现实的特点或实际情况来谈创意学理论的建设，必然会使全球性的内容与民族性的特点发生矛盾和冲突。诸多事实证明，民族性特点和全球性内容的有机结合，是现代中国社会进步和发展的必由之路，当然也是完成创意学理论建设的必由之路。

其次，在思想观念上，对传统文化即历史资源的认识和接受的态度是，必须具有重新审视的眼光并建立以重新改造为立场的理论认识。在中国传统的理论遗产里，还没有提供直接可供创意学理论借鉴的东西，所以说，拥有属于本土特色的创意学理论就格外迫切；同时也是基于这个原因，如何处理和使用传统文化遗产，或者说创建创意学理论如何走出一条具有中国特色的问题，就显得格外突出和重要。

（二）充分的现代性

我们说，对传统文化资源必须具有重新审视的眼光并建立以重新改造为立场的理论认识。这里所指的重新审视和加以改造的问题，就是指在对传统文化资源处理和使用的问题上，不是描红，不是原封不动地照搬，也不是克隆。建设中国的创意学理论，应具有充分的现代性或现代意识，体现出应有的时代精神，并以此精神回应创意经济时代之要求。那么，中国当代创意学理论如何才能具有充分的现代性或现代意识，表现出应有的时代精神呢？这可以从以下三点来认识。

一是中国创意学理论建设，应在研究中国现实社会经济发展的基础上，概括或提出中国创意产业的必要性和必然性的发展趋势，以回应当代中国社会经济运动提出的新问题。中国当代经济的发展错综复杂，不同层次、不同形式的经济所形成的结构十分独特，因而在经济发展中所提出的问题也是多种多样的。中国创意学理论建设不能无视这些新情况新问题，应该在创意学的立场上，把握现代经济运行的种种复杂情况，毫不犹豫地直接切入经济发展的主流，成为时代的"弄潮儿"，即投石于水，激起波澜。只有这样，创意学理论才会具有充分的现代性，才能充满时代精神。所谓充满时代精神，具有充分的现代性，就是面对现实，挑战现实，改造和引领现实。

二是必须面对21世纪西方创意产业的挑战。创意产业源于西方，在近年来的迅猛发展中开始向全球蔓延。创意产业发展的大趋势，是以高附加值、知识密集性、高度融合性为特征，形成对文化、经济、政治、科技领域之间关系的全面革新，实现对传统三大产业结构的调整与提升，构成与社会先进生产力和区域创新竞争力的关系。中国创意学理论建设既不能不正视西方创意产业的状况，又要立足于中国创意产业目前的现实，并为发展中国创意产业提供理论依据。这就迫使我们对西方的创意产业进行具体的科学的分析，尽最大的可能加以全面、系统、深入的研究，对其中具有普遍规律性的方面给予总结，对典型性的经验充分吸收，变成丰富和强化我们创意学理论的材料，使其能够真正置于创意者的躯体里，成为我们创意学理论的基本精神，进而指导我们发展极具中国特色的创意产业。

三是伴随着科学的飞速发展，自 20 世纪以来出现了众多的新学科，诸如社会学、文化学、心理学、符号学、系统论、控制论、信息论等等。这些新学科反映了 20 世纪科学的新成果。这些新兴的学科，作为理论都可以转化为方法，用以研究创意现象，从而创建创意学理论及其诸支系，如此才能把创意学理论提高到当代科学的水平上来。当然，我们在采用这些新方法时，必须充分顾及创意本身的特殊性，创意事实的复杂性，自然也就不能随意用新方法剪裁创意和创意事实。

总之，在世界经济大潮的推动下，创建中国的创意学理论，结合中国独特的历史文化和现实的经验，充分借鉴西方的创意学理念，勇于面对当代创意产业发展的现实，充分认识西方创意产业的价值和意义，改变我们既成的观念和思维方式，大胆采用新方法，中国当代的创意学理论就一定会健康地建立并发展起来。

第二节　创意的性质

一、创意的概念

给创意概念一个恰当的定义，似乎并不太困难，因为这是一个全新的领域。可是，正因为是一个全新的领域，它所兼备和综合的众多学科就不是传统观念里的那种线性的、单一的学科意识所能诠释得了的。所以，看似并不困难的问题，其实很复杂。一个概念的确定，是一个学科、一个领域确立的标志，也是一个学科、一个领域基本含量的凝结。

创意概念包含有相互联系的双重关系：一是创意术语，即创意的字面含义；一是创意观念，即创意的内在含义。

"创意"这一术语在人们通常的观念里是被作为美的或艺术的创造来理解或看待的，而这种美的或艺术的创造体现在生活中的各个领域。显然这是人们的一种笼统的未经过理论分析的认识。进入理论形态的创意概念，我们认为至少有三种不同的含义。这三种不同的含义可概括为宏观创意、个体创意以及与宏观创意、个体创意两者既相联系又相区别的第三种创意，我们不妨把它叫作应用创意。

宏观创意泛指一切可视的创作现象，这不仅包括文学艺术，而且可以概括包括日常生活在内的整个的人的生活方式，即人的文化存在的样式。正如诺贝尔经济学奖得主斯蒂格利茨所说，文化不仅是艺术、音乐、舞蹈和戏剧，而是整个的生活方式。这样看，实际上宏观创意是与文化—文明史相联系的，甚至可以说，宏观创意本身即是文化—文明史的内容，或者说，是文化—文明史者所依据的材料的主体部分。

不同于宽泛的宏观创意的个体创意，则是特指个人的创作。所谓个体的创意，就是个人的情感、灵感、直觉、想象、才情、智慧等在创意作品中的自由倾泻。

与宏观创意和个体创意相联系，但相对两者又有所超越的是应用创意。所谓应用创意，是指创意的目的不限于单纯的个人欣赏和品鉴，而是与产业的目的相联系，也就是使创意走向产业，实现产业化。英国的创意产业特别工作组就曾指出创意产业的创意行为是"源自个人创意、技巧及才华，通过挖掘和开发智力资源以创造财富和得到知识产权认可的活动"。

一幅画的创作，从创作者的个人创意方面说，从构思到完成，完全是创作者个人情绪、情感、才情的倾泻。如果仅限于此，他的作品除了自我欣赏外，至多不过是赠送给朋友或卖给画店。这时，他的作品还不是产业化的。如果画家创作的作品被大量复制批量生产，那么，这样的作品就由个人的创作变成了产业，最终被产业化了。当今时代的一切个人创作的作品的流传方式区别于以往时代的显著特征，恐怕也就在这里了。如可口可乐的秘方是不公开的，但是通过大批量可口可乐的产业化、世界性生产，这个秘方实际上也被产业化。这与传统中国社会里中医的秘方流传方式是不一样的。中国传统社会里中医的秘方流传仅限于家族内部。在这种状况下，传统的中医秘方不可能产业化。因此，历代都有无数的经典方剂失传，不仅如此，由于这个原因，传统的中医方剂治病救人的功效和目的只能发挥在一个很小的区域里。如果这种秘方在医药界能像可口可乐在饮品行业里那样批量生产，其社会贡献就不言而喻了。

由此可见，应用创意是使个人的创造性在更大的范围里超出了个人的限界。那么，应用创意就可以理解为是来自于个体创意，但又超出了个体创意。同时，此种超出了个体创意的应用创意便成为宏观创意的内容，而以应用创意为主体内容的宏观创意，乃是描绘和改变我们生活世界的重要途径。通过此种辨析，我们对创意这一概念的理解，已不是单一的、机械的或平面的，而应当是辩证的、开放的、多层次的，须进入此概念的内部加以分析才能真正把握。

鉴于创意术语有三种不同的含义，而与其相对应，创意观念也包括三类：从文化这一较宽泛的途径看待创意，创意即文化；从审美这一美学视角考察创意，创意即审美；从产业这一立场对待创意，创意即产业。也就是说，存在着三种创意观念：文化的创意观念、审美的创意观念和产业的创意观念。

三种创意术语和三种创意观念是相对应的，即宏观创意与文化的创意观念相一致，个体创意与审美的创意观念相一致，应用创意与产业的创意观念相一致。这种一致性从逻辑关系上表明，创意术语的使用和对创意观念的认识实际是有着内在联系的。但是，这种一致性和内在的联系性，不仅是逻辑上的事例，而且是现实的事实。

1. 创意作为文化

毫无疑问，创意理所当然地是作为文化现象而发生和存在。对此，管理学家波特在谈到经济发展的四个阶段时就分析说，在财富驱动阶段即第四阶段里，成为经济发展的新的主力是人们对文学艺术、体育保健、休闲旅游等方面的追求，并体现为对个性得到全面发展的可能性的追求。因而，斯蒂格利茨才说"文化是整个的生活方式"。创意便是此种方式的直接体现。20 世纪 80 年代国人对文化的认识的直接表现，就是在表演艺术、视觉艺术，进而在时尚、商标、装潢等诸多领域改变传统的既成观念，以新的方法和手段在新的观念引领下改变日常生活。人们很推崇海德格尔说的"诗意的栖居"，这可能是创意在中国社会所扮演的最初的文化角色。

文化的内涵不是某个地域、某个民族、某个国家独有的或独自发生的现象，而是人类共有的现象，因而是超越地域、民族、国家而为人类所通识，故而其发生自然也是普世性的。基于这一点，从文化学的意义上来理解创意，我们说文化是人的价值观念在社会实践中对象化的过程和结果。人类实现"自然的人化"，包括外在文化产品的创制和内在主体心智的塑造，由此说来，文化可分为技术体系和价值体系两大类别。从技术方面说，它表现为文化的器用层面，即物质化的显现；从价值方面说，它表现为文化的观念层面，即纯然形上的精神化的思维方式、审美旨趣、价值取向等。创意便包括了这两个方面，而且是这两个方面的一体化，是这两个方面的高度凝聚和直接体现。同时，创意作为文化现象以及具有的社会身份，其文化特质和品性也必然决定了它的审美性质。换句话说，这种文化现象是以充满美感的力量而赢得自身的审美价值。

2. 创意作为审美

如果说创意作为文化，那么，如上所述，文化的本义是"会集众彩以成锦绣"的美丽的斑纹或图案，因此凡是属于文化的事物便是具有美感的，而凡是具有美感的事物在一定意义上说，当然就具有了审美的价值。对于创意而言，创意是以文化为对象为内容的创造现象，因而，创意是被赋予了特殊审美品质。创意的审美品质是自创意形成之时便秉具了。

在西方，审美的创意观念是从文化的观念中承续下来的。文艺复兴时期，人们沿着亚里士多德的艺术即"模仿"的观念为基础把诗与绘画、雕塑相分离的状态统合到一起，终于形成"诗如画，画如诗"的观念。于是，诗与绘画等艺术（技艺）被普遍地统一在"美的艺术"的范围之内。不过，这美的艺术仍旧是属于文化的，换句话说，这美是从文化中分离出来且诞生于文化之中。到了18世纪中期，查里斯·巴托又进一步把诗与绘画、雕塑、音乐、艺术和修辞等纳入七种"美的艺术"之中。从此，手工艺、科学便都不再是"艺术"，而只有"美的艺术"才能称其为"艺术"了。

创意学虽然生发于当代，但审美的创意观念的确立，在其思想溯源上，却可以直接追溯到18世纪中期以来认识的不断丰富和积累。这就是说，创意作为审美为人们所普遍接受，乃是延续了两百年前对"美的艺术"观念的确立。凯夫斯指出的创意包括书刊出版、视觉艺术（绘画与雕刻）、表演艺术、录音制品、电影电视，甚至是时尚、玩具和游戏。人们从这里感受美感是没有人怀疑的。这正如人们对包豪斯的建筑设计、好莱坞的电影等这类具体的创意产业成果是美的艺术的认同一样，并且在范围上是相当宽阔的。从另一方面说，随着创意产业的形成，创意作为审美已经开始步入了美学理论。

中国自上古时期开始，作为审美的创意随着社会的发展而发展，并得到高度的重视。虽然创意是属于现代的观念，但在中国，它的原初形态却提供了足够我们今日汲取的资源。比如，各地的戏剧、宜兴的紫砂壶、景德镇的陶瓷、蜀绣湘绣粤绣苏绣等等，无不是以自身充分的美感所独具的价值而昭然于世，并为世人所普遍接受和认可。如《景德镇陶录》卷一之《图说·画坯》一节云："青花画坯，圆琢器皆有之。一器动累什百，画者则画而不染，染者则染而不画，所以一其手，而不分其心。其余拱锥雕镂业，似同而各习一家。釉红宝烧，技实异而类近于画。至如器上之边线青箍，原出镟班之手，底心之识铭书记，独归落款之工。花鸟、虫鱼、写生，以肖物为上，宣、成、嘉、万仿古，以多见为精。幅中画染分处，以为画一。"显然，这是在陶瓷的工艺上，充分显示了中国的创意审美意境。南朝萧子显在《南齐书·文学传序》中评价文学的审美创造来描写传统创意的美感效应，也如出一辙。他说："盖性情之风标，神明之律吕也。蕴思含毫，游心内运，放言落纸，气韵天成；莫不禀以生灵，迁乎爱嗜。"在这里，"性情""神明""气韵""生灵"等相联系，可以鲜明地表达此类器物工艺即传统创意的审美性质。在当代，还可以拿以《哪吒闹海》为代表的一批动画片的创意和制作为例，这是全然中国风格的机械化再生的审美创造。不仅如此，在设计、广告、书刊出版、时尚等许多方面和领域的创意，虽然深受西方的影响，但在实践中从不同角度探索创意的审美表达却是共同的，其审美追求的民族化也是一致的。因此说，创意的审美，成为创意理论的重要构成内容。

3. 创意之定义及弹性和边界

上面的描述是我们对创意从宏观到微观的认识。现在，我们回到创意这个名词本身，从产业即应用性的角度来对创意试作内涵性的阐释。

创意最终是产业的创意，或者说产业是创意的对象，是创意的最终完成。

创意产业作为一个独立的名词，从严格的意义上说，它产生的时间并不长。但从另一个角度看，由于创意产业是现代工业化的产物，特别是随着现代工业的发生及发展，其地位日益凸显，此时创意才被人们明确地意识到。从这个意义上说，创意几乎是与现代工业相伴并行的，并在现代工业化的进程中慢慢形成。

二、创意学的知识形态性质

1998年，英国创意产业特别工作组将创意产业界定为是"源自个人创意、技巧及才华，通过挖掘和开发智力资源以创造财富和得到知识产权认可"。在这里，特别强调了创意首先是"源自个人、创意、技巧及才华"这个先决性的条件。创意是人的创意，离开了人的存在，创意就无从谈起。回到这个创意的原点上来讨论创意，就必然要涉及创意者的"自我实现"问题，因为全部创意活动，无不应该视为创意者自我实现的结果。"自我实现"首先是马斯洛在心理学领域提出的概念。因此，我们在这里即是从马斯洛的"自我实现"理论来讨论创意与个人的关系问题。

所谓自我实现，是指人的自我发挥和自我完善的一种欲望，也就是一种使自己的潜能得以实现的倾向。尽管马斯洛没有明显地把自我实现限制在什么范围内，但是，他却作出了他自豪地称之为心理学领域最重大贡献的研究成果。他觉得，弗洛伊德主义者和新弗洛伊德主义者已经精确地描述了当我们的低级需求受到阻挠和挫折时会发生什么情况，因而他认为没必要针对神经病和精神病更详细地积累资料。他更愿意探索未知的心理学领域，研究"最佳人性"的挑战对他极有吸引力，于是，他开始集中注意力探讨自我实现的问题。

马斯洛认为，自我实现的过程就是人发展或发现真实的自我，发展现有的或潜在的能力。自我实现的人是人类的典范，是社会上最有价值的人，他们具有以下特征：接受自己、他人和自然的能力；洞察现实，保持知觉与现实的和谐关系；鉴赏的不断更新；自主性；创造性；高峰体验；返璞归真；不受文化与环境的束缚；同情和爱的感情；辨别善与恶、手段与目的的能力；超然独立、离群独处的需要。马斯洛认为，人类具有真、善、美、正义、欢乐等内在本性，具有共同的价值观和道德标准，达到人的自我实现关键在于改善人的"自知"或自我意识，使人认识到自我的内在潜能或价值，人本主义心理学家就是要促进人的自我实现。马斯洛指出："我们越来越清楚地看到，人的身上有无限的潜在能力。如果适当地运用它们，人的生活就会变得像幻想中的天堂一样美好。从潜能的意义上说，人是宇宙中最令人惊讶的现象，是最具有创造性、最精巧的生物，多少年以来，哲学家们一直在寻求真、善、美，论述它们的力量。现在我们知道，寻求它们的最佳地方就是在人们自己身上。"虽然自我实现也是所有人的一种需要，但是它的实现却常常是有限度的，甚至遭遇极大的障碍。因为，不仅是外在的条件，而且还由于所谓约拿情结的影响，自我实现在现实中变得不是那么一帆风顺。然而，艺术家却在这一点上与常人拉开了距离。一位作曲家必须作曲，一位画家必须绘画，一位诗人必须写诗，否则他始终都无法安静。一个人必须能够成为什么，他就必须成为什么，他一定要重视自己的本性，这才真正是艺术家实现自我的真实情形。

马斯洛坚信："生活的真正成就来自于我们自己高级需求的满足，特别是自我实现的需求。""高级需求满足能够引起更加合意的主观效果，即更深刻的幸福感、宁静感，以及内心生活的丰富感……""那些生活在自我实现水平上的人们，事实上也是最博爱，并在人性上是发展最完全的人们。"

在创意领域，有不少的创意者吻合马斯洛的自我实现者的特征，譬如接受自己、他人和自然的能力，洞察现实，鉴赏的不断更新，自主性，创造性，高峰体验，返璞归真，不受文化和环境束缚，同情和爱的情感，善意的幽默感，辨别善与恶、手段与目的的能力，超然独立、离群独处的需要等。但是，马斯洛所列举的有些特征却未必都是创意者的秉性。例如，创意者可能是一种自我感极为强烈的敏感的人，并且在创造中渲染这一点；创意者能够洞察现实，但是未必保持知觉与现实的和谐关系。恰恰相反，他们的知觉有时与现实不相和谐，甚至有时是与现实的格格不入感导致了创意的冲动。所以，马斯洛的自我实现的特征从一定意义上说是深入地进入创意者内心世界的奥秘。

三、创意的审美意识形态性质

创意不仅是一般意识形态，而且更是审美意识形态。创意的一般意识形态性质是其普遍性质，而创意的审美意识形态性质才是其特殊性质。因此，更为重要的是把握创意的审美意识形态性质。

"审美"是什么？我们的看法是，审美是人类掌握世界的一种特殊方式，它可以从目的、方式和态度三方面加以理解。从目的看，审美是无功利的；从方式看，审美是意象—直觉的；从态度看，审美是评价的。也就是说，审美总是无功利的、意象—直觉的和评价的。

但是，这里的审美却又始终与意识形态相互交织、渗透在一起，或互相融合，或相互冲突。审美的无功利、意象—直觉和评价性质，往往遭遇来自意识形态的功利、概念—推理和认识等性质的挑战或抵抗。因此，所谓审美意识形态，就必然是审美与意识形态这样双重性质的复杂组合形式。

由此可以说，创意作为审美意识形态，它既是无功利的，也是功利的；既是意象—直觉的，也是概念—推理的；既是评价的，也是认识的。简言之，创意既是审美，也是认识—实践。创意的双重性质正在这里。

1. 创意的无功利与功利性

创意作为审美意识形态，从目的看，它既是无功利的，也是功利的。

创意是审美的，这就是说，创意往往是无功利的，即无论创意者或受众都没有直接的实际目的，并不企求直接触及现实世界。丹麦批评家勃兰兑斯在《十九世纪文学主流》中举过一个例子说明艺术的无功利性：我们观察一切事物，有三种方式——实际的、理论的和审美的。一个人若从实际的观点来看一座森林，他就要问这个森林是否有益于这一地区的健康，或是森林主人怎样计算薪材的价值；一个植物学者从理论的观点来看，便要进行有关植物生命的科学研究；一个人若只是看重森林的外观，从审美的或艺术的观点来看，就要问它作为风景的一部分效果如何。出于实际目的的人，自然关心森林如何带来物质财富；出于理论探究的人，为森林的科学研究价值所吸引；而出于创意观察的人，则以"审美的或艺术的观点"深深地沉浸于森林外观的美景之中。显然，商人由此激发财富欲，科学家产生探索欲，这两种都是功利的；创意者则获得审美体验，这是无功利的。所以康德说："那规定鉴赏判断的快感是没有任何利害关系的。"又说："一个关于美的判断，只要夹杂着极少的利害感在里面，就会有偏爱而不是纯粹的欣赏判断了。"由于是无功利的，创意才能是审美的。换言之，审美的正是无功利的。

创意的这种无功利性，集中体现在创意者的创作活动和受众的品鉴过程中。刘勰讲："是以陶均文思，贵在虚静，疏瀹五藏，澡雪精神。"正是强调创作中要舍弃直接的功利考虑而以淡泊、宁静之心对待。朱熹认为，举世学诗者之所以难以出好诗，"只是心里闹不虚静之故""心里闹如何见得"。这里的"心里闹"指功利考虑，"虚静"就是无功利之心。在朱熹看来，只有"虚静"或"心虚理明"才可能作出好诗。受众也需要保持无功利目的才能进入创意的审美世界："中国人看小说，不能用鉴赏的态度去欣赏它，却自己钻入书中，硬去充一个其中的角色。所以青年看《红楼梦》，便以宝玉、黛玉自居，而老年人看去，又多占据了贾政管束宝玉的身份，满心是利害的打算，别的什么也看不见了。"鲁迅在这里批评的就是用功利的态度去鉴赏艺术。所谓"满心是利害的打算，别的什么也看不见了"，是指受众抱有实际功利目的，致使无功利的"审美距离"消失，从而无法"欣赏"艺术之美。

但是，创意是无功利性的说法并不全面。因为，创意的这种无功利性背后又总是存在着不可否认的功利考虑。功利，就是实际目的，即与现实利害攸关的考虑。确实，从功利方面看，创意最终要付诸产业化，进入商品领域被受众所消费，由此而体现出强烈的功利性。

2. 创意的感情与心灵

创意的审美意识形态性质也表现在，创意既是意象—直觉的，也是概念—推理的。当我们说创意具有审美性质时，也往往意味着创意是意象—直觉的。

什么是意象？在这里不妨说，意向指审美意象，它是创意特有的存在形态。与人们认识活动中的感性形象不同，审美意向既具有感性特征，同时又渗透想象、虚构、幻想或情感等精神过程，如黑格尔所说："在艺术里，感性的东西是经过心灵化了的，而心灵的东西也借感性而显现出来了。"其次，与科学活动中的概念不同，创意中的审美意象总是不确定的，而概念则是抽象的，或者就是确证、明确或明晰的。如别林斯基所说："在真正的诗作品里，思想不是以教条方式表现出来的抽象概念，而是构成充溢在作品里的作品灵魂，像光充溢在水晶体里一般。"总之，创意是以意象或称审美意象这一形态存在的。

但问题在于，创意是否就完全不依赖概念形态和推理方式呢？别林斯基问得好："难道艺术就不需要理智和思考力吗？"

事实上，从意识形态角度看，创意仍然必须依赖概念和推理。只不过，概念—推理再次是以特殊形式存在的。确实，无论创意者在创作时还是受众在欣赏时，都依赖意象—直觉方式，这是难以用概念—推理置换或把握的。但是，如果借此认为创意仅仅依赖意象—直觉便可进行，那就会大谬不然。因为，意向—直觉被置入创意，成为创意的直接存在形态和方式，这本身就依赖另一种力量，这就是概念—推理的力量。在创意中，理解时代的意识形态氛围、分析素材、预测受众反应等，这些并非不重要的环节，却是时常掺杂着概念—推理过程的，是可以说清的。如果否定这一点，那就是把创意视为一种绝对神秘的过程了。

创意既是意象—直觉的，又是概念—推理的，这该如何理解？可以说，纯粹概念—推理毕竟没有直接显现于创意的内在世界之中，因为这内在世界是属于意象—直觉的。但是，概念—推理却主要在幕后或外部起作用，因为这幕后或外部的世界正属于意识形态，而后者则始终与现实社会关系"纠缠"在一起。确实，意象—直觉世界是"唱主角"的，概念—推理世界只是"幕后"的。但正像戏剧、电影和电视那里一样，幕后的"导演"不常常意味着支配性力量吗？不妨说，在创意中，概念—推理似乎是无处存在，然而，它却是无所不在的。它是不在之在，是"缺席的在场"。

3. 创意的审美与理性认识

创意的审美意识形态性质还表现在，创意既是评价的，也是认识的。

评价，这里指审美评价，是包含在创意活动中的创意者或受众的主观情感态度。这种情感虽然与日常生活中的自然情感有密切关系，但又不同于后者。苏珊·朗格说："一个艺术家表现的是情感，但并不是像一个大发牢骚的政治家或是像一个正在大哭或大笑的儿童所表现出来的情感。"审美情感往往是一种超越个人利害得失而具有人类普遍性的情感。荣格说："我们已不再是个人，而是全体，整个人类的声音在我们心中回响。"同时，审美情感已不只是单纯情感而是情感的形式或形式的情感。卡西尔在谈到贝多芬第九交响曲时说："我们所听到的是人类情感从最低的音调到最高的音调的全音阶；它是我们整个生命的运动和颤动。"而且，更为重要的是，这种审美情感作为审美评价，又总是与前述审美无功利、审美意象和审美直觉相互渗透着，并通过它们而显现。

问题在于，这里有没有理智的认识因素起作用呢？我们的回答是肯定的，即创意也是认识的。认识在这里意味着客观、理智的反映。创意不仅表达主观情感评价，而且也表达客观理智认识。在创意中，审美评价是直接的，理智认识则是间接的。直接的审美评价是达到间接的理智认识的手段。

以上几方面告诉我们：创意一面是无功利的、意象—直觉的和评价的，另一方面又是功利的、概念—推理的和认识的。也就是说，作为审美意识形态，创意既是审美的也是认识—实践的。

创意是审美的，表明创意具有自己的特殊的意识形态性质。这里强调的重点在于"特殊"。这种特殊性决定了创意不同于其他艺术形态、上层建筑和经济基础。这种特殊性在于，创意意味着对现实抱有无功利目的，采取意象—直觉方式，表现主观情感评价。正是这样，我们说创意是审美的。前面所说创意的"魅力"，主要是"审美的魅力"。

但创意同时又是认识—实践的，这表明创意具有自己的特殊的意识形态性质。正是这种意识形态性质决定了创意又同其他意识形态、上层建筑乃至经济基础具有复杂联系。这种意识形态在于，创意是与物质存在密切相关的社会性话语活动，从而必然要运用概念—推理方式，并带有理智认识因素。正是这样，我们说创意是认识—实践的。

因此，创意就具备双重性质：既是审美的，又是认识—实践的。这种双重性质可以从两个层次看：在一般层次上，作为意识形态，创意既是一般意识形态也是审美意识形态；而在特殊层次上，创意是审美意识形态。我们所谓双重性质主要是就特殊层次来说的，当然实际上难以分开。阿尔多诺的艺术在这一点上的见解无疑有着合理成分。艺术的本质是双重的：一方面，它摆脱经验现实和效果网络即社会；另一方面，它又属于现实，属于这个社会网络。于是，其具有特殊的美学现象：它自然地始终是审美的，同时又是社会现象。但需要进一步指出，在这种双重性质中，审美性质总是直接的、突出的，而认识—实践性质（即社会性质）则是间接的、隐蔽的。创意往往会保持一种审美风貌。但是，保持审美风貌并不意味着超乎现实社会之上而升入纯审美境界，而只是意味着更充分地体现认识——实践性质。因为，创意正是要以直接的审美风貌去实现间接的认识——实践性质。在这个意义上不妨说，正是由于具有自身特有的审美风貌，创意才能体现出认识——实践性质。创意愈是审美的，便应愈是认识——实践的；反之也一样，创意愈是认识——实践的，便应愈是审美的。创意的双重性质正在于此。

第三节　创意的最终目的——产业化

文化、科技、经济既是创意学的基本支撑，也共同作用于创意产业。文化经济学家凯夫斯认为，创意产业提供我们宽泛地与文化、艺术或者是娱乐的价值相联系的产品和服务。它们包括书刊出版、视觉艺术（绘画与雕刻）、表演艺术（戏剧、音乐会、舞蹈）、录音制品、电影电视，甚至时尚、玩具和游戏。从凯夫斯所概括的创意产业概念来推导，创意学与传统文化美学最大的不同，在于它探讨的不仅是文化审美和文化创造问题，而更是其产业化问题，创意产业本身就是以文化为核心，带动相关产业链整合的新型产业链形式。

受历史发展阶段的限制，文化与经济长久地在各自轨道上发展，文化因素没有被充分应用到经济领域，创造出经济价值。创意产业从根本上颠覆了这一传统，将文化与经济空前紧密地糅合在一起。创意学建设的任务就是从中找到产业链、价值链和供应链方面的相互联系，指导文化经济价值的实现。

一、创意产业的界定与特征

发展创意产业的重要性，已逐渐被各国所认识，但对该产业的界定目前尚无统一定论，各国基本上是按照各自产业发展的需要，并结合产业现状提出重点或优先发展的创意产业的类别。显然，各国在经济发展水平、科技领先程度、文化传统等方面存在着巨大的差异，试图用一个统一的概念来限定实际的产业范围，不仅困难且有悖于科学精神。对创意产业具体范围的界定，应该在尊重各国实际差异的基础上，顺应产业结构调整的发展趋势，统筹创新、文化与市场驱动的关系，注重产业发展的可持续性。按照这种思路，我国创意产业也应当立足于当前的产业结构，结合产业结构调整的目标和战略，提出适当的创意产业范畴。

我国对国民经济行业分类的国家标准是 1984 年首次发布并开始实施的。随着经济的飞速发展，新兴行业不断涌现，产业结构发生了巨大变化，最近的一次调整是在 2002 年，形成了《国民经济行业分类》（GB/T 4754—2002），并于 2003 年起逐步应用于计划、统计、财政、税务、工商行政管理等国家宏观管理和部门管理活动中。我国《国民经济行业分类》分为门类、大类、中类和小类四个层次，具体分类如表 8-1 所示。

表 8-1　《国民经济行业分类》（GB/T 4754—2002）基本结构

门　　类	大类	中类	小类
A　农、林、牧、渔业	5	18	38
B　采矿业	6	15	33
C　制造业	30	169	482
D　电力、燃气及水的生产和供应业	3	7	10
E　建筑业	4	7	11
F　交通运输、仓储和邮政业	9	24	37
G　信息传输、计算机服务和软件业	3	10	14
H　批发和零售业	2	18	93

（续表）

门　　类	大类	中类	小类
I　住宿和餐饮业	2	7	7
J　金融业	4	16	16
K　房地产业	1	4	4
L　租赁和商务服务业	2	11	27
M　科学研究、技术服务和地质勘查业	4	19	23
N　水利、环境和公共设施管理业	3	8	18
O　居民服务和其他服务业	2	12	16
P　教育	1	5	13
Q　卫生、社会保障和社会福利业	3	11	17
R　文化、体育和娱乐业	5	22	29
S　公共管理和社会组织	5	12	24
T　国际组织	1	1	1
（合计）20	95	396	913

我国国民经济核算中产业部门分类是依据《国民经济行业分类》，考虑我国宏观经济管理、社会公众和对外交流的需要，以及现行统计、会计核算资料基础而确定的。《中国国民经济核算体系（2002）》的产业部门分类如表8-2所示。

表8-2　《中国国民经济核算体系（2002）》产业部门分类

产业	行业
第一产业	农　业 林　业 畜牧业 渔　业

（续表）

产业	行业
第二产业	工 业 采矿业 制造业 电力、燃气及水的生产和供应业 建筑业
第三产业	农林牧渔服务业 交通运输、仓储和邮政业 信息传输、计算机服务和软件业 批发和零售业 住宿和餐饮业 金融业 银行业 证券业 保险业 其他金融业 房地产业 租赁和商务服务业 科学研究、技术服务和地质勘查业 水利、环境和公共设施管理业 居民服务和其他服务业 教 育 卫生、社会保障和社会福利业 文化、体育和娱乐业 公共管理和社会组织

根据《产业结构调整方向暂行规定》，我国产业结构调整的目标是：按照统筹城乡发展、统筹区域发展、统筹经济社会发展、统筹人与自然和谐发展、统筹国内发展和对外开放的要求，推进产业结构优化升级，逐步形成以高新技术产业为先导、基础产业和制造业为支撑、服务业全面发展的产业格局，提高产业整体国际竞争力。以这样的目标为指引，我国现阶段需要有选择、有重点地加快发展科技含量高、经济效益好、资源消耗低、环境污染少、人力资源得到充分发挥的新兴产业，优先发展对经济增长有重大带动作用的新兴产业。

创意对传统要素的整合能够带来价值增值作用，创意产业的知识密集型、高附加值、高整合性，对于提升产业发展水平，优化产业结构具有不可低估的作用。在中国产业结构大调整的背景下，未来创意产业对经济社会的全面协调发展和产业结构的进一步调整将发挥越来越重要的作用，成为最有成长前景和生存价值的产业。目前，创意产业并不是国际或国家标准规定的规范的产业类型，更多的是顺应经济、社会发展趋势，促进产业结构调整的一种新思路和新政策。落实到我国目前的产业分类，创意产业无法直接被归入到三次产业的哪一类，而是与三次产业均有交叉，是三次产业中居于价值链高端的、富有高新技术和文化内涵的行业的融合。

可以这样理解，创意产业是从第一、第二、第三产业里的知识创新和文化产品的生产、制造、销售的行业中分离出来的，这些行业由于物质要素投入低，高新技术、管理、思想、风俗、艺术、制度等无形要素投入高，并使用高素质的人力资本，因而处于产业价值链的高端，这些行业的聚合、融合就形成了创意产业。由于高新技术发展和文化经济化进程的加速，使得原来三次产业内泾渭分明的行业边界模糊了起来，创意产业虽然是从三次产业中分离出来的，但仍是基于原有行业的高端价值增值的产业化。

所以，创意产业没有非常明确的产业范围边界，是以三次产业为基础，横贯众多行业，以创新和文化为元素的横向度串联而成的行业集合，随着三次产业范围的扩大而扩大，发展而发展。

根据国际上的普遍规律，创意产业涉及领域主要归类为三大部分（见图 8-2），一是以工业设计、建筑设计、时尚设计等为表现形式的创意设计；二是传媒、影视、出版、工艺品、表演艺术等文化创意产业；三是与信息技术发展密切相关的动漫、网络游戏以及体现在各类新媒体中的文化信息服务业。

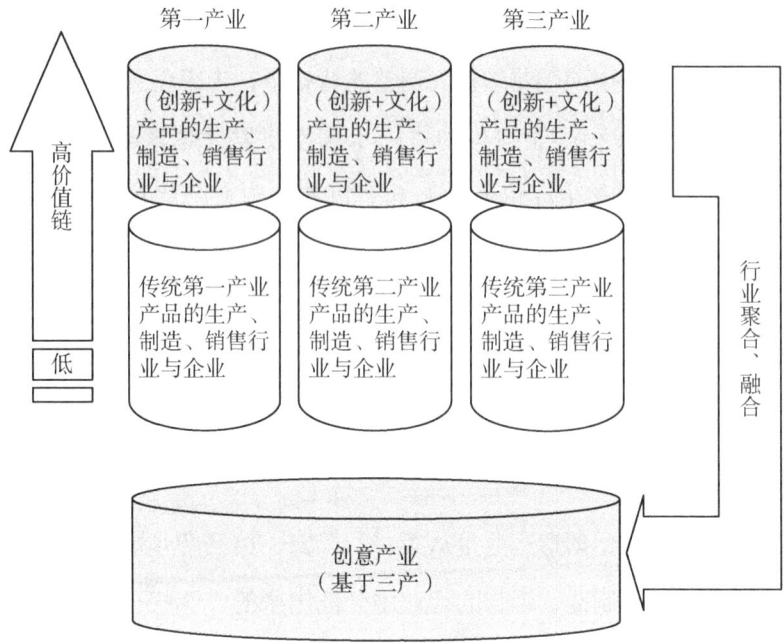

图 8-2　创意产业的演变图示

二、创意产业的特征

（一）知识、文化要素密集

"创意产业是具有原创性、具备明显知识经济特征和高度文化含量的一种产业。用一句话来概括，就是'将原创性的文化创意规模化、产业化，使之产生经济效益'。在创意产业的价值链中，主要增值部分是在其原创性的知识含量之中。"【苏勇，《创意产业需要创新氛围"孵化"》，《解放日报》2005 年 8 月 27 日】

管理大师彼得·德鲁克在其所著的《后资本主义社会》中指出随着知识经济时代的来临，经济的助动器不再是有形的资产（如资金、机器、设备等），而是诸如专利、技术及知识等无形资产。创意产业是以智力资源、无形资产为第一要素，是知识创新、文化等要素带动的产业发展。

知识经济条件下，创意产业的核心要素——知识创新和文化要素的形成方式、应用范围、载体及外在表现形式都发生了深刻的变化，其内涵和外延进一步丰富和扩大。

首先，知识和文化等无形要素开始向产业化、商品化方向发展。创意产业的形成与传统的产业相比，其核心的生产要素不再是使用大量的物质资源、劳动力和资金，而是以知识和文化等无形要素为主，动用人的智力、创造力和智能，以消耗较小的物质和资金成本，在创意的产业化、商品化过程中实现巨大的经济价值。

其次，知识和文化等无形要素的载体或外在表现形式日益多元化。知识和文化等要素既可以物化在工具、机器、设备和装置等有形的实体物质中，也可以表现为知识形态的信息资料、图纸设计或工艺、方法、规则和软件等而附着在图纸、软盘、光盘等媒体介质上，还可以存在于富有创新精神的技术人员或管理人员的头脑中，结合形成创意产业的人力资本。

最后，知识和文化等无形要素的内涵进一步丰富。知识和文化是人类创造性脑力劳动和附加体力劳动的结晶。知识经济条件下，人类脑力劳动的创造性空前高涨，知识技术更新速度加快，更新频率增强，文化的内涵也不断得到延展和深化，这些成果只有应用于生产过程中，促进生产效益的提高，创意人员创造性的脑力劳动和附加体力劳动的耗费才能得到补偿。

创意产业中知识和文化要素往往是和人力结合在一起的，形成"知识型劳动力要素"。【张幼文，《知识经济的生产要素及其国际分布》，《经济学动态》2004 年第 5 期】长期以来，劳动力要素被看作是单一的，只有熟练劳动力与非熟练劳动力之分，本质上是数量性差别。这种区分只是对直接生产过程中劳动力差别的区分。知识型劳动力是一种从事创造性智力劳动的劳动力，它不同于人力资本。人力资本是指投入在劳动力上的资本，是资本化的劳动力，是以资本量表现劳动力的质的差别。人力资本的单位是货币而不是劳动力人数。科学家、艺术家和创意策划等人员在社会生产中的作用与直接生产劳动者是不同的，他们是社会总生产的一部分，但不是产品的生产加工者。创意产业的发展要求把这部分劳动力与直接生产过程的劳动力相区别，因为正是知识型劳动力质量与数量的区别构成了创意产业的结构特征。

（二）产业横向度宽纵向度短

从对创意产业范围的界定可知，创意产业横向囊括了第一、第二、第三产业几乎所有的行业和企业，随着三次产业的产业范围的拓展，其产业横向度也更趋宽广。比如我国 2002 年修订的《国民经济行业分类》（GB/T 4754—2002）与 1994 年的《国民经济行业分类与代码》（GB/T 4754—1994）相比，框架结构有了较大的修订和调整。在行业大类方面的调整主要集中在第三产业和服务业，增加了电信和其他信息传输服务业、计算服务业、软件业、证券业、商务服务业、科技交流和推广服务业、环境管理业等行业大类。创意产业曾一度被学术界归入服务业，原因在于创意产业的主体部分是与信息、通信、网络等最前沿的知识创新有关的行业，这些行业主要集中在第三产业。

所以随着行业的增加，特别是第三产业行业的增加，创意产业的范围也得到了扩展，在增加的行业大类里，如软件业、商务服务业、科技交流和推广服务业等都是比较典型的创意产业。这也表明了随着科技的进步、人们消费水准的提高和消费方式的转变，创意产业有着巨大的发展空间，为人们创造了新的生活方式。

创意产业是对第一、第二、第三产业几乎所有行业和企业价值链高端的产业化，是众多行业和企业中以知识创新和文化为增值主体的部分企业，这部分企业与传统的三次产业的产品生产、制造、销售企业相分离，即创意产业的产业纵向度短，只是处于三次产业的价值链的高端，并且随着知识、文化创新频率的加速，创意产业的产业纵向度也有不断拉升的趋势。随着新技术革命的加快和企业跨行业、跨地区的兼并重组活动，产业的边界逐步趋于模糊化，创意产业作为一种全新的融合型产业体系在此过程中形成。创意产业改变了原有产业产品的特征和市场需求，导致企业之间竞争合作关系发生改变，从而也导致产业界限的模糊化，形成了以创意为中心的产业。【马健，《产业融合理论研究评述》，《经济学动态》2002 年第 5 期】

（三） 产业关联度强

产业关联是指产业间以各种投入和产出为联系纽带的技术经济联系。在一般的经济活动过程中，各产业都需要其他产业为自己提供一定的产出，以作为本产业的中间要素投入，与此同时也将自身的产出作为一种要素输出，满足其他产业对中间要素的需求。产业间的投入产出关系是产业间关联关系的主要内容和方式，包括五种形式：产业间的产品和劳务关联，产业间的技术关联，产业间的价格关联，产业间的就业关联，产业间的投资关联。【杨建文等，《产业经济学》，学林出版社 2004 年版】

创意产业的行业主要是三次产业中的居于价值链高端的、富有高新技术和文化内涵的行业之间的相互融合，创意行业基本上以知识资本和文化资本为核心要素，这些居于价值链高端的创意资本并不是凭空产生的，是各个行业的价值链延伸出来的，是以同一门类基层的行业为基础，对人的创造力、技能及智能的开发运用并创造潜在财富和就业机会的活动，所以创意产业内的各个行业与同一门类的行业之间有着密切的知识、技术、经验和智力等方面的要素关联。

创意产业是新兴产业，是从原有的产业里分化出来的，其内部的"知识型劳动力要素"往往是从原产业的人员培养出来的，有着就业方面的关联。创意产业投入的物质要素相对较少，生产出来的创意产品的物化部分也只是作为核心无形要素的载体或表现形式，很大一部分的创意产品是作为中间投入品投入其他实物商品生产的，与其他行业有着智力投资的关联。所以，创意产业内的行业与 20 个门类的行业之间有着高度的投入—产出的多向关联：既有同一门类的行业为创意产业行业提供核心无形要素的投入品，激发创意产业的扩展；也有创意产业行业为其他行业提供产品和服务，将创意作为一种要素投入。以创意产品为主要载体的创意产业不仅是经济活动中的生力军，同时也是其他产业发展的源泉。

创意产业与其他产业广泛的关联度可以对经济产生巨大的拉动作用，它在经济结构中的可融性功能极强，能形成较强的产业聚合力，提高其他产品的附加值，却很少与其他产业发生资源冲突。

（四）高附加值和高风险相伴而生

产品价值由主体价值（由产品主要功能带来的效用）和附加值构成。产品附加值是指独立于产品主体价值之外，能够给产品整体价值带来增值并给客户与厂商带来利益满足，进而激发出客户购买欲望、购买行为和厂商产销积极性的效用。【卢润德，《论产品附加值》，《软科学》2003 年第 17 卷第 3 期】从前面的分析可知，创意产品是一种比较特殊的产品，其在制造过程中消耗的物质元素较少，提供给消费者的价值主要体现在无形附加值上，且是不能被人们的视觉器官所感知的附加值，更多的是一种心理附加值，满足人们的审美趣味、思想观念、生活方式、消费心理和文化习俗等心理需求。马斯洛提出的"需要层次论"告诉我们，人总是先追求较低层次的生理需求，当温饱等低层次需求得到一定程度满足后，才会转向追求较高层次的精神需求。日本学者也提出，随着人均经济状况和文化教育素质提高，国民的消费动机中带有知识、文化性质的倾向。这样，创意产品内含的创意要素与其经济价值成正比，创意带来的是更高的经济附加值，所以创意产业是一种高附加值的产业。

经济学的基本原理显示，高收益与高风险是一对孪生兄弟，高附加值必定伴随着高风险。这条基本原理同样适用于创意产业。

首先，创意不是对原有产品的简单功能的完善、设计的改进，而是推出一种全新的以知识创新或者文化提升为核心的产品或服务甚至是消费理念，逐渐形成一种全新的市场。由于不同消费者所生活的环境受到科技水平、物质生产、地理位置、自然条件、生活方式、生活观念等因素制约，同一环境中的人们对创意产业和创意产品的认识带有自己的特征，在对创意产品中创意附加值的认识中不约而同地表现出环境影响的痕迹。创意产业所缔造的全新的消费理念在短时期内不一定能为消费者所认同，这就存在着巨大的市场风险。

其次，创意产业的高收益有一部分来自创意产品的差别化而造成的市场垄断。这种垄断不是通过特许经营权获得的，也不是自然资源集中形成的，而是通过知识和文化载体进行需求的预见，并主动地去创造需求的结果。一旦创意产品或服务推向市场，高收益必然很快引来后来者的学习和效仿，产品或服务内所含的知识、文化创新得以扩散，甚至在此基础上开发出新产品和新服务，原有创意产品和服务的高额利润很快摊薄，无法保证前期投资成本的收回，从而带来了投资风险。

（五）创意产品

可以这么说，创意的最终目的是产业化，那么创意产业的最终产物就是创意产品。

美国《统一产品责任示范法》第 102 条把产品定义为"具有真正价值的、为进入市场而生产的、能够作为组装整件或者作为部件、零件交付的物品。但人体组织、器官、血液组成成分除外"。欧洲经济共同体《产品责任指令》第 2 条将把产品定义为"除初级农产品和狩猎产品以外的所有动产，即使已被组合在另一动产或不动产之内。初级农产品是指种植业、畜牧业、渔业产品，不包括经过加工的这类产品"。

我国《产品质量法》第 2 条规定："在中华人民共和国境内从事产品生产、销售活动，必须遵守本法。本法所称产品是指经过加工、制作，用于销售的产品。建设工程不适用本法规定"。

可见，从法律的层面来界定产品的外延是非常宽泛的，没有太多的研究价值，但从经济学的观点来看，对产品的内涵和外延有比较明确的定义和划分。产品是指人们向市场提供的能够满足顾客需求和欲求的物体，包括有形的与无形的、可触摸与不可触摸的。有形产品是为顾客提供服务的载体，它包括产品实体及其品质、特色、式样、商标和包装。无形产品或服务是通过其他载体，诸如人、地、活动、组织、观念、思想等来提供的，无形服务还包括可以给买主带来附加利益和心理上的满足感及信任感的售后服务、保证、产品形象、销售者声誉等等。【郭惠玲、曾路，《动态化整体产品概念研究及其战略意义》，《商业研究》2002 年 8 月（上半月版）总第 251 期】

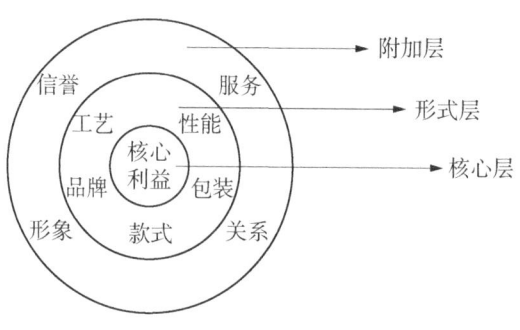

图 8-3　整体产品层次剖析

从对创意产业的界定可知，创意产品不能简单地归属于有形产品或无形产品之列，往往创意产品兼具有形和无形，并且有形和无形部分均能给创意产品带来价值。对于创意产品的进一步研究，我们首先需要了解一般产品的层次划分。

根据整体产品概念，产品可以划分为三个层次（见图 8-3）：核心产品层，也叫核心利益，是指产品能给购买者带来的基本利益和效用，也就是产品的使用价值；形式产品层，指消费者需要的产品实体的具体外观，是核心产品的基本表现形式，它包括产品的包装、品牌、材料、工艺、款式、性能等可以为顾客识别的基本特征；附加产品层，指消费者购买产品时所能得到的附加服务和附加利益的总和，包括服务、信誉、形象、关系等。这三者构成了整体产品概念，密不可分，紧密相连。【郭惠玲、曾路，《动态化整体产品概念研究及其战略意义》，《商业研究》2002 年 8 月（上半月版）总第 251 期】

从广义的角度理解，创意产品拥有与一般产品一样的共性，即有着核心利益、实体产品、附加利益三个层次。但是创意产品是一种新的产品类型，其特殊性在于其实体产品在创意产品价值中所占的比重远远小于核心利益和附加利益，是承载核心利益和附加利益的载体，或者是体现核心利益和附加利益的一种形式表现。比如，作为创意产品的正版软件，其光盘的刻录成本非常低廉，价值主要体现在软件的知识产权上，光盘只是作为载体；博物馆的艺术品主要是传递创作者意识，其物质载体仅是表现形式。在现有的市场条件下，创意产品的形式层与附加层所体现出来的都是对核心利益的附加，在对创意产品进行分析时，可以将形式层和附加层合并。随着时间的推移，消费需求的变化以及消费个性特征的不同，形式层和附加层也会不断地进行改变和扩展。

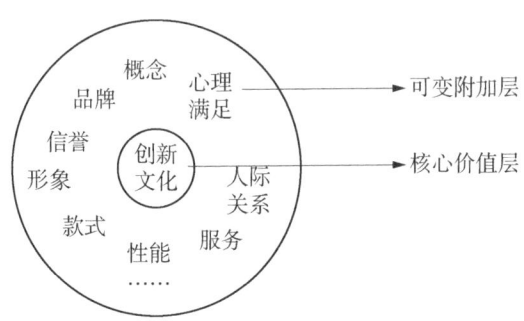

图 8-4 创意产品层次剖析

根据以上这些分析，可以把创意产品的结构主要划分为两层（见图 8-4）：（创新 + 文化）核心价值层，这一层的内容仍然是指创意产品从知识创新和文化等多方面给消费者带来的基本利益和效用；可变附加层，这一层包含了创意产品的形式层与附加层的所有内容，并且当中的每个元素都在不断地发展变化，随时都有可能增加新的元素。这种动态的产品概念更加能体现创意产品区别于其他产品的独特之处。

根据马斯洛需求层次理论可以知道，创意产品是在20世纪末随着人们消费水平的提高，追求更高层次的需求而创新出来的一种产品类型，它提供给人们宽泛的与科技、文化、艺术的价值相联系的产品和服务。所以，创意产品各层次所包含的内容与消费者的需求变化存在着很强的互动关系，需求的变化将会引起创意产品组成各元素的变化。将马斯洛需求层次理论和创意产品的二圈层图联系起来，可以把需求划分为两个层次：对产品的基本需要和附加需求。创意产品与需求之间的互动关系，具体可以用"产品—需求互动模型"表示（见图8-5）。

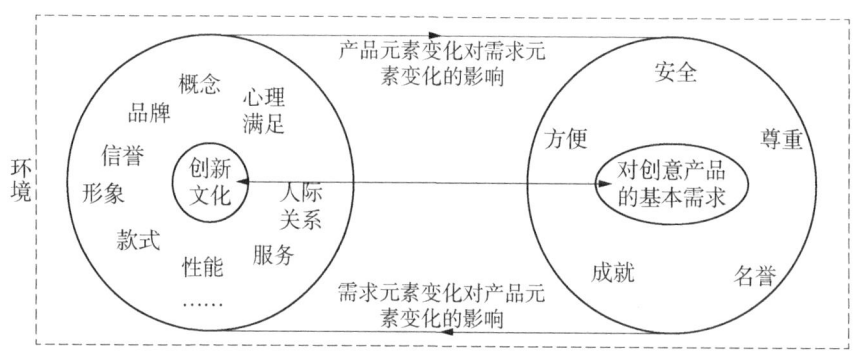

图8-5 产品—需求互动模型

可以看出，创意产品和消费者的需求变化都是在特定的宏观环境下产生的，即它们都要受外部的经济、技术等因素的影响（图中用虚线表示）；消费者对创意产品最基本的需要决定了创意产品最核心的价值，而消费者在购买和使用产品的过程中对于安全、方便、体现个人身份地位等方面的需要，决定了创意产品的附加利益。与普通产品一样，创意产品和消费者的需求总是处于相互影响、相互促进的动态变化发展过程中：创意产品的创新、赋有的文化价值等新概念都可能会对消费者需求产生一定的引导和促进作用（图中用向右箭头表示）；消费者由于个性需要或是由于环境变化而引起的需求变化又反过来要求产品不断地进行创新，不断地提升产品的内涵和形式，以适应需求的变化（图中用向左箭头表示）。所以，创意产品与消费需求双方都具有双重身份，相互影响，相互促进。无限的需求蕴藏着无限的机会，无论是在时间上还是在空间上，消费者需求的变化都是相对无限的，这就为创意产品在核心价值层和可变附加层上创造了无限的发展空间。

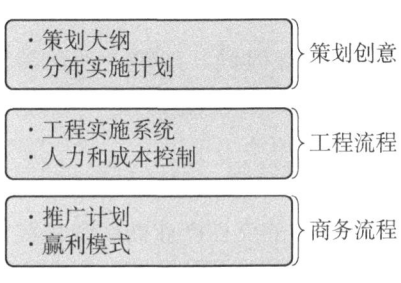

图8-6　创意产品计划书

在此，还要介绍一种特殊的创意产品的概念。这种创意产品指的是创意策划的相关计划书（见图8-6），而不是已成品。计划书应包含三个部分：策划创意计划书、生产流程计划书和商务营销策划书。除了至关重要的策划创意书外，计划书还必须包括创意策划的生产过程与成本控制在内的生产流程计划书，以及包含了推广计划与赢利模式的商务营销计划书。这一特殊的创意产品形式，是创意产业特点的充分体现。

第四节　创意产业的起源与发展

一、创意产业是知识经济发展到一定阶段的产物

创意产业涉及的许多相关行业，早在第二次世界大战结束后，便在

一些发达国家出现了端倪，并伴随了发达国家近几十年来的产业变迁历程。

二战后，德国出现创意产业雏形，兴起了以适应现代大工业生产和生活需要的包豪斯设计体系，该体系强调艺术、技术和经济效益的新统一，与后来的创意产业一脉相承。

美国自20世纪五六十年代以来，以好莱坞电影和迪斯尼主题公园为标志的文化娱乐产业日益风靡世界。

日本的创意产业发端于20世纪60年代，并以举办1970年大阪世博会为契机，发动"色彩革命"，在时尚、建筑、设计等领域中呈现出自己独有的创意与特色。

创意产业近年来逐步形成气候，不仅对经济增长的贡献率日益增加，而且越来越被作为现代服务业的支柱产业而广受关注。1997年，英国布莱尔政府在国际上首次以政府直接倡导的方式，将创意产业正式列入了国家发展规划。

当前，世界经济已经从传统经济时代，经过一系列的转型过渡到知识经济时代。知识经济正以惊人的步伐席卷全球，从根本上颠覆了既有产业发展的惯例，高新科技不断加快更新速率，交通、通信、交流方式的革命性变化以及消费者见多识广的经历、求新求异的需求一起构成了一股逼迫所有产业行业不断缩短升级换代、自我更新周期的巨大力量。于是，在产业链的高中低三个环节，高端部分被逐步放大，逐步成为整个产业链的重中之重。

创意产业就在这样的过程中诞生了。可以说，创意产业不是传统意义上的产业，如果宽泛地理解，它是思想产业、观念产业、核心产业、关键产业、高端产业，是涉及具有高科技含量、高文化附加值和丰富创新度的任何产业，因而它通过对传统要素的整合，从本质上体现了知识经济时代、信息时代最为鲜明的特征。事实上，随着知识经济的发展，创意产业的产业内容和范围都处于动态发展中。

二、创意产业是从传统产业中产生的跨产业的"非产业性"产业

创意产业被称为"产业"实际上并不严谨，因为目前全球现有的对产业划分的标准类型中，无法找到关于创意产业的明确规定。

创意产业作为一种新型的产业形式，其最明显的特征就是不以固定的传统行业和产业边界为限，真正使"创意"生产实现了产业化、体系化、系统化，具有直接关联经济、社会和文化各方面高端原创的能力。可以说创意产业的出现是对传统产业划分的新的挑战，它是居于所有传统产业价值链高端的、富有高新技术和文化内涵的产业的总和，是横贯众多产业和众多行业的"非产业性"产业。创意产业具有的普遍特征之一就是它在战略上具有一种敢为人先、鸟瞰天下、雄霸一方的宏大气魄，在战术上对传统产业链的中低端抱有一种欲擒故纵、收放自如的洒脱气派。

创意产业在生产运行中，除了包括自主开发新创意外，还包括低成本收购、挖掘、激发、包装、推销已有的或潜在的创意，其中将各类书斋式的、实验式的科研成果不断转化为具有应用前景和产业化前景的"创意"，就是一个相当重要的任务。

三、创意产业是文化、经济和技术融合的必然产物

当今世界经济发展逐步呈现文化化，文化发展逐步呈现经济化趋势，精英文化、高雅文化、大众文化、消费文化在知识经济的大背景下历经前所未有的冲撞整合。高新的信息技术一方面在应用过程中转化为经济价值，一方面日益呈现出其文化内涵。由文化衍生而来的内容产业，信息经济提供的技术水平，知识经济的背景，这三者共同为创意产业提供了发展的舞台。国际上普遍认为，创意产业是一项跨越传统行业界限的新兴产业，它以文化创新为核心，以高新科技为依托，通过产业价值链的形成与

延伸而创造产生经济价值。

四、创意产业与其他产业的互动

创意产业是文化与高新技术联姻的结晶，创意文化产业离不开高新技术，高新技术也需要创意文化产业。所以，需要运用高新技术手段改造并提升传统文化产业，开发新兴创意文化产业，不断提高创意产品的科技和文化含量。另一方面，也要在政策上引导高新技术进入创意领域，不断实现科技创新。

通过运用高新技术，创意产业可与其他产业形成共栖、融合和衍生的良性互动关系，不断形成新的创意产业发展格局。新兴的创意文化产业与高科技等相关联产业有着密切互动交错发展的空间，连接产业链的不同环节，完全能够形成共赢共荣的关系，例如传媒与数字电视，网络电视、动漫、网络游戏与软件产业等。

目前，创意产业还属于一个边缘性、集合性的产业，与其他众多产业部门均发生着较为普遍的技术经济关联。因此，产业关联度高、产业波及效应明显是创意产业的天然特征。创意产业具有综合性强、辐射面广、渗透性强、附加值高、产业链交错的特征，对其他产业的渗透力大，与其他产业的融合、互补和整合的可能性非常大，具有很强的扩张能力和持续发展力。

创意产业与国民经济中的其他产业存在着种种的联系，其发展会在国民经济体系中产生互动波及效果。文化产业的发展，会波及传统的工业、农业，也会影响新兴的信息、网络、金融、通信、交通、商业、旅游等交叉产业；而其他产业的发展也会带动创意产业的发展。

第五节 创意产业类企业的组织特征

众所周知，创意产业的难点就在于如何实现创意的产业化，以及产业的创意化。假如没有创意的产业化，大量留存在我们现实生活中的创意，只能是一种智慧的火花，而不足以形成财富；没有产业的创意化，产业就难以获得更高的附加值。因此，创意产业如果要有长足的发展就必须建立一条完整的产业链，构建起能保证创意产业发展的组织形态、人才环境以及公共服务平台。

一、创意产业组织形态

（一） 创意产业与传统企业组织形式

创意产业并不是从来就有的，是在经济发展到一定阶段，从原有产业的基础上形成和发展起来的，是从第一、第二、第三产业里高新技术、管理、思想、风俗、艺术、制度等无形要素投入高的行业里分离出来的，是这些行业的聚合或融合形成了创意产业。所以，创意产业也同样继承了传统的产业的企业组织形式。企业的存在已经有很长的历史，发展至今可以归结为三种组织形式：单人业主制、合伙制和公司制。

单人业主制是指个人出资兴办，完全归个人所有和控制的企业制度。法律上称为自然人企业、个人企业或独资企业。单人业主制是一种最早产生也是一种最简单的企业形态，流行于小规模生产时期。保罗·萨缪尔森和威廉·诺德豪斯在《经济学》中对单人业主制是这样描述的：要想做一个单人业主，你不需要得到任何人的允许。你在某一天早上醒来时仅仅说"今天，我开始经营"，于是你就开始经营了。你要雇多少人就雇用多少人，只要能借到，你也可以借任何数量的资本，再付出所有成本费用之后不管剩下来多少便是你的利润。单人业主制无论在财产权上，或者在经营管理权上，都有相当大的独立性。这种传统的企业组织形式在西方发达国家以及我国的现阶段，数量上仍然占绝对优势。虽然创意产业是 21 世纪新兴的产业，但是单人业主制这种最传统的企业形式在创意产业中也占据着非常重要的地位，特别是在创意产业发展的原始阶段，需要很多创意人才大胆的创新实践和市场探索，因而往往是以单人业主制的企业形式出现在市场上。然而，单人业主制的局限性也是显而易见的。单人业主制企业的业主必须对企业的全部债务负无限责任，由于个人财产大多数是与家庭财产联系在一起，企业的失败往往会导致倾家荡产，影响家庭的稳定，这是单个业主所难以承受的。而且，由于业主制企业与业主个人之间的连带关系，会使企业的发展规模受个人资金有限性和个人信用有限性的制约，业主制企业的资本扩张完全依赖于自身利润的积累和再投资。

合伙制是在单人业主制的基础上发展起来的，是由两个或两个以上的企业主共同出资共同经营，并归若干企业主共同所有的企业制度。合伙企业是单人业主制企业的放大，两者本质上是相同的。在创意产业中，合伙企业也是常见的企业组织形式。当然，单人业主制企业的问题同样也出现在合伙制企业中。合伙制企业的合伙人对企业的债务承担无限清偿责任，不仅如此，由于合伙人彼此之间还存在着一种连带责任，即要求有清偿债务能力的合伙人，对没有清偿能力的合伙人应负债务承担的连带责任。由此可见，业主制企业中个人与企业之间连带性所带来的弊端，在合伙企业中不仅没有被消除，而且还放大了。任何主要合伙人的疾病、死亡以及家庭的变故，都会直接影响企业的存在和发展。同时，由于每个合伙人都有参加管理的权利，每个合伙人皆能代表公司，对内对外都很容易产生意见分歧，影响决策效率。合伙制企业的规模和筹措资金的能力也仍然是有限的。所以，单人业主制和合伙制企业都无法满足创意产业大规模发展的要求。

现代市场经济的一个重要标志就是出现了公司制。公司是目前企业形式的"最高级"，它克服了业主制和合伙制的诸多弊端，通过有限责任制降低了个人、家庭和公司的风险，使个人和家庭的变故不至于影响公司的发展。相应地，公司的经营状况也不会直接影响个人和家庭生活。公司资产和个人资产分离所产生的超越性，使公司的资产更开放，扩大了公司的融资能力；这种超越性又使公司的所有权和经营权易于分离，从而克服了股东直接参与管理所造成的能力和素质的限制。所以，创意产业的大规模发展还是主要依靠公司制这种形态。

创意产业公司化的重要性表现在：

一是有利于较快地为创意产业的发展集中资金，向投资主体多元化发展。我们知道，资金不足一直是影响创意产业进一步发展的重要因素。扩大资金来源的关键，又在于多方聚集资金。借助于公司制，就可以使企业投资主体向多元化、多层次化拓展，迅速聚集创意企业发展所必需的大量资金。

二是有利于选择合理的经营方式和优秀企业家。公司制作为资本社会化的重要形式，通过公司制度能够形成一个比较完整的治理结构，保证企业的资本、管理、技术，通过资本结构稳定地黏结在一起，并形成相互激励和相互约束的机制，充分保证决策科学化、民主化，并且在更广泛的范围内挑选最优秀的经营管理人才。

三是有利于克服随意性、增强规范性。由于公司化明确了所有者（股东）、法定代表人（董事会）与执行管理者（经理层）三者之间各自的权益，建立起三者之间的相互制约关系。这种新机制必然要反映多方面的利益，这就要求决策的过程与最终决策的结果不仅要考虑公司的近期利益，而且要考虑社会的总体利益与长远利益，从而表现出更强的社会规范性。

四是有利于明晰产权，完善资产管理机制。虽然公司制企业的财产归属权是明确的，但由于创意企业的特殊性，创意企业的资产有很大一部分是知识和文化，这部分资产主要是归属于创意人才的，是与个人联系在一起的，容易造成所有权和经营权不分，不能形成科学、民主的决策机制，所以创意企业的公司制往往采取股份制的形式，以股份形式明确企业的产权，让创意人才以其知识和文化资产入股，创意人才不仅以员工的身份参加企业经营活动，而且以所有者身份参与管理，能够大大提高创意人才的积极性。

（二） 创意产业与新型企业组织形式

创意产业是在知识经济时代兴起的一种产业形式，它面临着知识化、数字化、虚拟化、网络化、全球化的变革。当知识和文化成为继土地、劳动力、资本之后的首要稀缺资源，创意产业的企业与一般产业企业的区别也便愈发明显。这种区别体现在：创意产业的企业组织的成长与竞争力不再产生于因某些生产要素（如劳动力和资本）投入相对较少或生产效率高的比较优势，也不产生于自然资源的相对富有，而是来源于产品的知识与文化含量的相对丰富。

知识和文化的属性改变了企业组织传统的线性成长方式，非线性的跳跃式成长成为创意企业组织与环境变化的主流。以指数方式增长的人类知识积累和智能开发加快了时空压缩速度，使得程序化的、机械式的、线性的企业组织形式不再那么有效。

基于更为完备的知识和网络的发展，企业组织内部结构、供需关系、渠道及交易方式发生了重大变化，这种调整打破了传统企业组织运作方式和支持系统。

网络技术的发展将逐渐消除信息、知识和文化扩散的各种障碍，这必将缓解甚至最终消除信息不对称的问题，竞争者的竞争能力必将由此得到大大加强。

在创意产业内部竞争的基础不再是物质消耗的降低或劳动生产率的提高，而是知识、文化含量的提高或知识、文化生产率的提高，进而改变了竞争资源的内涵和外延。

创意企业中工作的人员，与传统企业的"员工"有着明显的区别。前者首先是创意人才，拥有知识和文化，能够进行创造性的工作；再者，他们是"契约工作者"，越来越多的创意人才虽然在为创意企业工作，但却不是全职员工，可能是临时的或兼职的，他们在特定的合约下工作，具有一种契约性质；另外，他们还是"合作伙伴"，在自己工作范围内具有别人所不具有的专业技能和工作经验。

传统企业组织形式是在劳动分工和职能制组织的基础上发展起来的，强调发展规模经济，重视层级结构和等级秩序，其结构可以使企业达到必要的规模和效率，适用于市场稳定、产品品种少、需求价格弹性较大的情况，这种组织形式适应了以提高效率为中心的企业发展和扩张的需要。【孙东生、李在永，《知识型企业组织形式论》，《山西财经大学学报》2002年2月第24卷第1期】创意产业与一般企业的区别要求在企业组织形式上能够保持创意资源的增值性，突破传统层级结构的藩篱，对企业的组织形式进行重构。只有构造最适于知识创新和文化管理的组织形式，才能使创意资本最有效地完成其任务和计划。

（三）创意产业的新型组织形式

1. 学习型组织

学习型组织是由美国著名管理学教授彼得·森奇于1990年在其《第五项修炼——学习型组织的艺术与务实》的论著中提出的。彼得·森奇认为学习型组织是一种精于知识的创造、吸收和转化的组织，并具有如下显著特征：组织结构扁平化，组织交流信息化，组织开放化，组织中的员工与管理者关系由从属关系转为伙伴关系，组织能够不断调整内部结构关系。因而，学习型组织是能够根据新的知识和组织远景目标调整自己的行为，通过对知识的管理和运用不断增强自身创造性能力的新型组织。

2. 网络型组织

网络型组织的趋势是向着缩小规模和分散化的方向进行，以增加自治性、授权和横向集成。信息技术和计算机网络的扩展使得知识和文化得以在管理者与员工之间共享，企业组织等级结构已不再受到管理幅度的限制，纵横交错的信息渠道造就企业的网络组织结构。网络型组织的网络结构不同于传统结构，不再是由垂直的等级制度来定义，而是由一个水平展开的非等级体制来限定。为了创造新的竞争力，利用IT技术，企业将若干组织单元联结成一张网，形成结构扁平，交叉功能强，组织单元间彼此连接，富有柔性，机动性高，递阶层次少的网络组织。网络使组织的内部和外部的界限变得模糊。网络技术的应用跨越了时空经纬，使得企业与企业之间，企业的各部门之间的边界逐渐消失，传统的职能间分工、组织部门间整合的组织转变为专业价值创造、跨组织间整合的网状组织。网络组织的高度分散特性使决策中心向相关知识存在的地方转移。在网络组织中，权力被分散开来，让员工拥有最大自主空间来从事规划及执行的工作，高层管理者则致力于建立为组织成员认同的共同价值观和共享组织的远景。

3. 虚拟组织

虚拟组织也是一种新兴的企业组织形式，是为了提高知识、文化的生产效率而形成的一种组织形式。所谓虚拟组织是指当市场出现新的机遇时，具有开发、生产、经营某种新产品所需的不同知识、技术和文化的不同组织为了达到共享创意、分摊费用以及满足市场需求的目的而组成的一种基于创意资源的合作联盟。虚拟组织不同于其他组织形式，通常没有固定的组织机构和众多的组织层次，其成员之间完全是一种富有弹性的伙伴关系。作为一种具有高度柔性和敏捷性的组织形式，虚拟组织将成为许多创意企业组织创新的理想目标模式。虚拟组织打破了传统组织机构的层次和界限，突出了创意资源的共享联盟，虚拟组织中的各个成员均有自己的"核心创意"，通过优势互补，各种资源得以充分利用，可以获得其单一成员所无法达到的整体竞争优势，从而提高了对市场的快速响应能力。虚拟组织改变了以往企业管理"小而全""大而全"的封闭经营模式，而且将过去的以"零和"策略进行的企业之间的竞争转化为以"竞争—合作—协调"的"双赢"策略进行的组织联盟之间的竞争。此外，信息技术的应用与发展能够把分散在不同地域的创意资源适时整合起来，迅速完成资源的重组过程，使虚拟企业拓宽生存空间，实现由物理市场地域向虚拟市场空间的转变。

4. 创意产业的中介组织

产业发展的规律显示，随着一个产业发展日益走向成熟化，其产业的边界将日渐清晰，对专业化程度的要求也越来越高。这时候，往往产生一些中介组织，专门为该产业的发展制定行动规则、监管或提供附加服务。房地产业、金融业的国际发展经验都是这方面的例证。创意产业的发展自然也不能脱离产业发展规律，除此以外，由于创意产业的特殊性，决定了它与传统产业相比，对中介组织的依赖性更大。这主要是因为：

一是创意产品需要大量的文化、科技投入，与传统的投入要素相比，这些智力要素价值通常是很难衡量的，需要专业人士或组织提供协助；二是创意的过程相对较复杂，其投入时间往往较长，风险更大，因而创意产品在各个加工环节的价值增值程度很难预计，需要借助专业机构的判断；三是作为新兴行业，创意产业面临的是不健全的市场环境和法制环境，其发展过程中必然会产生很多纠纷，需要相对独立的第三方发挥调节作用；四是创意产业尚处于发展初期，与其他产业相比还很柔弱，需要中介组织站出来提供一定程度的保障。

经过短短十多年的发展，国际社会已经涌现了一些创意产业的中介组织。我们可以将其大致分为三类：第一类是经济型组织，如出版业有出版社，美术界有画廊，娱乐业有经纪人或经纪公司等；第二类是保障型组织，如知识产权服务中心、律师行、培训中心、交易中心、展示中心；第三类是行业协会，如美国剧院和制片人联合会与17个行业联盟或协会签订过协议。由此，我们可以看出，在一个较为完善的创意产业化的社会中，中介组织已经成为一个重要的支柱。

二、创意产业人才形态

创意产业是一个高度推崇个体创造性的产业，创意人才在创意产业发展过程中具有举足轻重的意义。当创意成为经济发展的重要推动力，创意人才和人力资本就具有了重要的意义。把握和研究好创意产业人才的特性，对我们发展创意产业无疑将起到至关重要的作用。

关于创意人才的特点及其阶层性，文化经济学家理查德·佛罗里达在《创意阶层的崛起》一书中强调了创意阶层对于创意产业的极端重要性。他从职业的分类而不是从部门和行业的分类来分析和定位创意产业，认为不能把创意简单视为一个部门或行业的分类，创意在当代经济中的异军突起表明了一个职业阶层的崛起。

1. 创意人才

创意人才是形成创意阶层的基础。那些独具创造性的专业人才，他们从事复杂问题的解决，包括作出许多独立的判断。可以说，创意人才是遍布于许多部门或行业，而并非像一些传统行业那样仅局限于某一领域。也就是说，这些需要在工作中运用自己所受的高水平教育和技能资本，从事许多独立的判断和复杂问题解决的人才，都属于创意人才。

创意人才的复合性特点是创意人才的又一重要特性。目前，创意产业的高速发展要依靠文化创意人力资本的投入和文化创意阶层的崛起。那么，我们要依靠的文化创意人力资本是怎样的人力资本呢？毋庸置疑，这必将是具有复合性特点的创意人才。在今天，创意产业越来越多地被表述成为国民经济中利用人们的"智力资本"进行文化服务和文化产品的生产与流通的新兴产业，如果没有复合型创意人才的参与，要想在这一领域取得成功，几乎是不可想象的。事实上，几乎所有保持了长久生命力的世界著名企业都是创意高度发达的企业，而多数世界著名企业家都是富有创意、推崇创意的企业家，这便是复合型创意人才的典型代表。又如有研究表明，从事广告、建筑、交互休闲软件、音乐、电视和电影等创造性产业的人们，都是至少受过三级教育的复合型高级人才。由此可见，智力资本、创新和新的信息技术之间已经建立起了复杂深刻的联系，复合型的创意人才是推动创意产业发展的根本动力。

2. 创意阶层

佛罗里达认为，在美国，社会分化成四个主要的职业群体：农业阶层、工业阶层、服务业阶层和创意阶层。创意阶层包括一个"超级创意核心"，这个核心由来自"从事科学和工程学、建筑与设计、教育、艺术、音乐和娱乐的人们"构成。他们的工作是"创造新观念、新技术、新的创造性内容"。除了这个核心，创意阶层还包括"更广泛的群体，即在商业和金融、法律、保健以及相关领域的创造性专业人才"。创意阶层与其他阶层的根本区别可以从任务上辨别：属于创意阶层的人是构思和解决难题，被要求去发挥，有较多的自主权和灵活性，而属于工作阶层或服务业阶层的人按指令行事。这意味着比起其他阶层在制定规则，如工作时间表、服饰、礼仪等方面，创意阶层较少受束缚，但也意味着在快速完成所给任务时需要具有更强的工作能力和更好的情感和心理素质。

创意阶层由两个基本"层面"组成：一个是中心内核，包含从事科学、工程建筑、设计、教育以及艺术、音乐、戏剧的人士。它的经济功能是创造观念、技术和新的内容。在这个"超前创意"中心的周围形成一个更宽泛的职业者团体，在商业、医学、财政、法律部门供职，是从事于解决各种复杂难题的人士，解决这些难题需要充分的独立判断力和深厚的文化资本。

3. 创意经纪阶层

除了由两个层面组成创意阶层之外，创意经纪阶层的出现也是创意产业产生和发展的重要运作平台。从某种意义来说，创意经纪人才也是创意产业的人才中很重要的一类。可以这么说，在整个创意产业的发展中，创意经纪阶层与创意阶层是相辅相成相互帮助的。如果没有创意经纪阶层的形成和介入，创意产业也很难形成规模效应，并长期健康稳步发展。

我们知道，传统的创意消费往往是直接的面对面交流，是一种自然经济状态，因此很少需要像艺术中介机构、文化传播、经纪人、制作人、策划人等这样的中间环节。但是在今天这个全球化的消费社会里，创意不再仅仅是天才灵感突发的产物，还包括作为产品的精心设计、投射或策划，创意价值的实现逃不脱市场经济看不见的手的操纵。艺术家的自由创造活动发生了重要的变化，创意生产的市场规约、专业策划等中介流通机构具有了十分重要的甚至举足轻重的地位。在这种情况下，创意经纪阶层的出现就成了一种历史的必然。随着文化艺术的中介机构迅速发展，它占据了文化服务中最大的比重和市场运转中最重要的地位。创意经纪阶层的急剧扩张是当代社会为满足人们精神文化的消费需要而发生的，是依据文化作为巨大的复制工业所需要的庞大而高效的流通、服务机制而发展起来的，它的形成和发展势必对整个创意产业的发展起到很重要的推动和促进作用。

随着创意活动日益深入的市场化、商业化与产业化，创意的生产机构与传播机构（如出版社、画廊、音乐厅、博物馆等）在种类与性质上已发生变化。文化的大工业化的发展给艺术的消费增加了投资、流通、传播的环节，并且这个环节越来越大，越来越重要。从某种意义上讲，其地位和作用不亚于创作。而策划人、创意者和制作人的地位和作用甚至在某种程度上超过传统"艺术生产"中的"关键环节"或"决定因素"，如作家、艺术家和编剧。因为他们懂得市场、了解市场，能够准确预期和把握市场，拥有市场份额。所以，近年来各种文化艺术的投资机构、中介机构蜂拥而出，"新媒介人"阶层（比如艺术策划人、投资人、经纪人、传媒中介人、制作人、销售商、文化公司经理等）顺势崛起。他们就是日益重要的"创意经纪阶层"。他们处在精英知识分子和大众之间，他们对艺术家熟悉，又有很强的操作能力，能用经济和传媒运作的方式把艺术推向大众。比如姚明的经纪人就提出这么一个口号叫"经营姚明"，多么清晰的经营运作思路！但真正有这样胆识和思路的经纪人才现阶段又有几人呢？有人说，中国现在很缺文化产业的高级经营管理人才。其实，我们就缺少这样把文化当产业经营的人才。道路是曲折的，但前途是光明的，在大力培育创意经纪阶层，促进整个创意产业发展的道路上，我们正迈出坚实的步伐。

三、创意产业发展平台

创意产业是一个集中代表了现代经济、知识和文化发展的全球性趋势的新兴产业，它是一个国家、一座城市综合实力的重要标志之一。创意产业发展需要具备多方面、多层次的条件。

1. 明晰的产权制度保障

产权制度是制度化的产权关系或对产权关系的制度安排，是划分、确定、界定、保护和行使产权的一系列规则，是所有制的具体化和经济制度结构中的一个运行层次。明晰的产权制度能够通过发挥其激励和约束功能、资源配置功能以及收入分配功能，影响经济主体行为和市场经济运行。市场经济是通过调节生产要素在不同部门的流出流入，实现资源优化配置。而生产要素的流动和市场配置资源离不开产权交易。生产要素流动和组合的过程实际上是生产要素产权或者说要素所有者权利交易的过程。创意产业作为市场经济中的新兴产业，其规范运作自然需要明晰的产权制度的保障。

由于创意产业是知识密集型产业，实现知识资源的优化配置，使之发挥最佳效用，是创意产业追求的目标。要达到这一目标，固然要靠市场机制，即价格机制、供求机制和竞争本身的作用，同时要注重知识产权的保障，这样既有利于保障市场公平竞争，又有利于创造出维护知识产权交易安全不可或缺的外部环境。知识产权制度的作用在于授予知识产品生产者以专利权、商标权、著作权等智力成果的所有权，并且制止不正当竞争，确认和保护智力成果的创造者对其智力成果在一定期限内的独占权，以便调整在支配、使用和转让知识产权过程中的各种权利义务关系。这样，知识资源就可以通过市场机制的作用在不同的产业、不同生产经营者之间尽可能地达到科学、合理、高效的分配。在这一过程中，知识资源的配置是通过交易来完成的，知识产权的交易（产权转让、实施许可），无论对所有人或受让人（被许可人），都存在着交易安全和利益的保障问题，而知识产权制度正是保障交易安全、实现交易主体各自经济利益最有效的制度。

2. 完善规范的法律保障

实践表明，为创意资本的产业化创造良好的法律环境，建立和完善相应的法律法规体系，可以保障创意产业快速健康发展。促进创意产业发展的完善的系统的法律法规体系至少包括三个方面：

首先，需要建立健全知识产权法律制度体系。知识产权法律体系的基本功能在于确认知识产权主体、客体和知识产权主体所享有的权利，其中主要的是独占权。未经权利人同意，任何人不得任意使用。这对占有市场、解决市场竞争有序化问题十分重要。

其次，要建立健全促进技术创新和技术成果转化的法律体系。世界科技进步的历史和实践表明，单纯地增加科技的投入，并不一定能增强一个国家的科技创新能力，进而促进经济的发展，关键的是要处理好各创新主体之间的关系，即科技成果的开发、转化和应用之间的关系。所以，需要制定相关法律，鼓励企业、科研机构、高等院校之间相互合作进行科技创新，鼓励企业界、科技界加强国际交流与合作，共同推进创意产业的快速发展。

最后，要建立健全与风险投资相关的法律法规。相关的法律法规包括《商业银行法》《公司法》《个人投资法》《风险投资法》，以及通过法律制定促进创意产业发展的税收优惠政策等。

3. 政府激励性政策保障

创意产业不仅对经济发展有着超常的促进作用，更是逐渐成为促进文化发展、社会进步乃至未来城市竞争、国家优势的重要角色。创意产业的发展需要整个经济社会的配套背景，包括高素质的创意人才、高等教育文化氛围、完备的知识产权制度、完善的法律法规体系等。创意产业虽具有高附加值的特点，但同时也隐含着较高的风险，而单纯依靠现有的市场机制又难以规避创意失败带来的高风险。既然创意产业在国民经济中具有如此重要地位，而其发展又需要非常坚实的经济社会基础，以及保障收益、规避风险的政策机制，那么创意产业的兴起和发展往往是自然而然地由上而下进行的。无论是最先提出创意产业概念的英国，还是后起之秀的新加坡、澳大利亚、中国台湾、中国香港等，都是以政府为主角，以政府激励性的政策来大力倡导创意产业的发展。

政府的作用首先体现在制定完备的创意产业发展总体政策，改善经营环境，维护自由竞争，培育和引进创意人才，成立创意产品发展研究中心，鼓励商界设立投资基金，鼓励产业投资，协助创意产品投入市场，协助推广创意品牌，保护创意产品的知识产权，制定具体的行业发展策略等。

当然，作为产业化运作，创意产业的发展最根本的还是植根于市场。所以，政府的激励性政策与市场机制还应该互为表里关系，在政策的引导下，以规范的市场机制为根基，形成一个全面的创意产业运作模式。

4. 高素质创意人才的聚集

创意产业是知识、文化密集型的产业，关键是动用人的智力、创造力和智能，实现巨大的经济价值。这是对人的创造力、技能及智能的开发和运用，以便创造出潜在财富和就业机会的活动。创意人才是推动创意产业发展的最重要的驱动力和战略资源，创意产业的崛起需要大批量的高素质创意人才的聚集。理查德·佛罗里达曾估算，创意阶层在美国的劳动力中占有30%的比例，也就是3 900万人。【杜然，《创意阶层的崛起与城市的复兴》，《经济观察报》2004年3月22日】

　　然而，创意人才的聚集和创意阶层的出现并不是偶然的，而是需要一国建立合理的人才储备与开发机制，以实现创意人才队伍的可持续发展。各国应该立足现实，着眼发展，构建新的创意机构体系，建设研发的公共平台。政府也应加大对创意人才培养的投入，建立起人才流动和竞争上岗机制，并形成规模宏大的创意人才储备库，稳步提高和优化高素质创意人才队伍的竞争力。

　　教育是人才培养的主渠道，要充分发挥教育，尤其是高等教育在培养创意人才中的主导作用，通过更新教育理念，改革人才培养模式、教育内容与方法，建立促进创意人才培育的现代国民教育体系和开放的高等教育体系。一方面，我们要鼓励多元化发展教育，积极开辟人才培养新途径以适应教育大众化要求，并且彻底改革应试教育体制，树立全新的人才观。另一方面，我们要大胆借鉴发达国家经验，改革人才引进制度，做到引进外国人才与本土人才相结合，引进外地人才与本地人才相结合，引进专业出身人才与跨专业人才相结合，稳步壮大创意人才的队伍。

第六节　创意产业在经济价值链中的定位

　　创意产业推动经济发展，是最契合知识经济时代特征的产业形式。创意产业是经济发展的新的增长点，是价值增值的源泉。基于这一点，对创意产业在经济价值链中的定位进行分析是十分必要的。

进入新世纪，中国经济进入了新一轮发展期，处在 1978 年改革以来的一个关键时期。从国内来说，改革所能释放的经济发展的张力已经到了一个相对平稳的时期，经济能否凭借自身良好的结构而具有自我发展的能力已经成了一个重要问题。创意产业在宏观经济中的价值定位在于作为新的经济增长点，在目前以及今后一段时间，促进我国经济增长的重要动力。综合来看，创意产业从三个方面为国民经济创造价值：促进经济增长模式的转变、推动产业结构的升级，以及提升综合国力和竞争力。

一、创意产业促进经济增长模式的转变

1959 年，诺贝尔奖得主舒尔兹发表了一篇题为《人力资源：一个经济学家的观点》的论文。文章指出：劳动者身上的知识、技能及其表现出来的能力，是生产增长中的主要生产因素。1996 年，经济合作与发展组织（OECD，简称"经合组织"）的研究报告中指出，其成员国的经济结构，50％以上的 GDP 是以知识为基础。知识的发展促进技术创新，而技术创新又能调整就业结构，是使生产效率和就业长期获益的推动力。创意产业具有知识和文化的密集性，是用少量的实物资源，结合所需的知识、技术和文化进行的经济活动，经济活动从实物资源转向知识资源，摆脱了传统行业发展受到自然资源制约的局限性。它是一种"无重量"的经济形态，是高新科技知识与深度文化的结合，使 GDP 在增长时，单位所消耗的能源、劳动力及物料等都有所下降。所以，发展创意产业将会促进经济增长模式向"内涵式"转变。

产业结构从一般意义上讲，是指国民经济中各个产业之间的相互结合和构成的关系。产业结构反映了一个国家或地区各个产业之间的比例关系及其变化的趋势。伴随着经济的发展，各个产业的规模并非同时扩大，一些产业增长相对较快，而另一些产业增长相对较为缓慢，甚至个别产业出

现萎缩。发展迅速的产业如高科技产业，被称为"朝阳产业"；发展停滞甚至萎缩的产业，如某些传统工业，被称为"夕阳产业"。这种结构变化是产业与需求升级相适应的体现，被人们称为产业结构高级化。产业结构的变化是动态的、发展的，向以高效益为特征的高级化方向发展，它不仅是经济发展的结果，同时也是经济发展的条件。经济发展水平的提高必将伴随产业结构的高级化，产业结构的高级化也必将推动经济的进一步发展。

创意产业是关联性很强的产业，通过与前向和后向关联产业的作用，形成互为产品创新和过程创新的关系。创意产业的知识、文化创新具有高附加值，且知识、文化创新兼具快速传递、扩散的特性，创意产业的高附加值就随着知识的创新依次向其前向联系产业或后向联系产业传递、扩散，促使其发生新的技术、知识创新，产生新一轮价值增值的过程，进而导致产业的扩张或收缩。各产业部门的发展总是处于不平衡状态，在若干关联密切的生产部门中，如果某一部门的知识创新提高了该部门的劳动生产率，就可能诱导其他关联部门的知识创新。否则，这些部门不仅会限制创新部门效益的实现，而且还会限制全体部门的生产率和生产能力的提高。这种由创新产生的产业"瓶颈"，将把创新的努力引导到解决新的产业瓶颈上去，新的瓶颈解决了，又会产生更新的瓶颈和更新的创新活动。知识创新的诱导机制和产业部门之间的关联机制的复合作用，推动着产业结构的变动。【孙文建，《技术创新：中国经济新的增长点》，《科学管理研究》2000年第4期】

创意产业的知识创新在促成新兴产业诞生的同时，也积极地改造着原有产业和产业部门。知识创新使得传统产业部门有可能采用新技术、新工艺和新装备来提高其技术水平，改变其生产面貌，促进原有生产部门和产品的更新换代，甚至创造出全新的产业和产品。创意产业能够使传统产业以新的面貌出现在新的产业结构中，甚至成为新兴产业赖以建立的重要物质条件之一，创意使得整个产业结构的内涵具有了新的内容。

二、创意产业提升国家与城市的综合竞争力

竞争力是个人或集团等竞争主体争夺资源和市场的能力，它从根本上决定了资源的配置格局和效率。根据《中国城市竞争力报告》，城市综合竞争力的评定共有 12 项指标，分别为：人才竞争力、金融资本竞争力、科技竞争力、结构竞争力、基础设施竞争力、综合区位竞争力、环境竞争力、文化竞争力、制度竞争力、政府管理竞争力、企业管理竞争力、开放竞争力。从这些指标中可以看到，一个城市的竞争力强弱不仅仅体现在经济增长方面，还要在各个方面实现均衡发展。其中，创新、文化是非常重要的组成部分，关系到城市建设中关键的人的因素，关系到城市的发展是否具有活力，关系到城市是否能够可持续发展。时任中共中央总书记胡锦涛在中共中央政治局第七次集体学习时强调："要始终坚持先进文化的前进方向，大力发展文化事业和文化产业。"文化具有很强的渗透力、凝聚力和影响力，通过知识创新与文化的"合璧"——创意产业，能够提升城市能级，全面提升国际竞争力。创意产业的最大特征是能够将知识、文化、经济等融为一体，全面革新文化、经济、政治、科技领域之间的关系，取得政治、经济、科技、文化等各方面均衡协调的可持续发展，提升城市综合竞争力。

创意产业不仅是城市综合竞争力的具体体现，还决定了国家的综合国力和竞争力。瑞士国际管理发展研究院（IMD）认为，国家竞争力是一个国家在市场经济竞争的环境和条件下，与世界各国的竞争比较，所能创造增加值和国民财富的持续增长和发展的系统能力水平。20 世纪 80 年代末以来，经济全球化趋势不断加快，世界政治、经济格局加速重组，国际竞争更加复杂和激烈。越来越多的人认识到，决定当今国际竞争成败的关键不再是传统意义上的土地、资本和劳动力等有形资本，而是以高科技和文

化内涵为核心的综合国力。国家竞争力不仅包括综合实力，还包括实现综合实力的社会经济环境条件和整体运行的竞争力，以及持续发展的内在的成长能力。创新能力和精神文化内涵就成为一国参与新一轮全球竞争的重要因素，成为国家竞争力的决定性因素。

三、创意产业在微观经济中的价值定位

21 世纪的竞争是创新和文化的竞争。近十多年来，全球创意产业群雄并起，千帆竞发，尤其是进入新世纪后，创意产业巨大的经济潜力更为众多国家所认同。创意产业在微观经济中的价值定位在于创意产业的价值增值来源并不仅限于创意产品自身的增值方面，更重要的是体现在创意产业对关联产业的产品产生增值作用，以及前向和后向的发展作用。

创意产业竞争的核心是其生产的产品——创意产品。创意产品是生产经营者通过市场交换，向消费者提供的宽泛的与科技的、文化的、艺术的价值相联系的产品和服务。如前所述，它的价值构成包括两个方面：核心价值层和可变附加层。创意产品同其他商品一样，具有价值，然而创意产品自身具有不断的增值性使得创意产业具有不同于其他产业的价值增值的源泉。

首先，创意产品的核心价值增值体现在：内在的知识价值和文化价值会不断地实现自我提升和增值。创意产品中的文化价值是使用者在思想、艺术和审美等精神上获得的价值，它是极具特性化、个性化的，不会因为使用而减少，反而能够经过使用者的价值转化而产生新的文化价值。创意产品中的知识价值具有很明显的潜在增值性，创意产品中的知识价值是通过创造者的复杂脑力劳动和依附的体力劳动转化而来，知识总是在不停运动着的，会不断地更新、替代，当创意产品中的知识价值发挥作用时，往往会产生更先进的知识，出现知识价值的自我提升和增值。

其次，创意产品具有的知识和文化价值，能够提高劳动者的素质以及

经济增长的质量。创意产品能够帮助人们了解和掌握自然规律和社会历史发展规律，能够使人们从中获得知识、技能、生产经验和社会生活经验、思想道德和行为规范，能够使人们愉悦性情，获得娱乐和美的享受。此外，更重要的是，创意产品的知识和文化内涵能够促进经济的发展，它可以影响物质产品的创新含量，影响劳动者的整体素质，影响经济信息的传播速度等。

第九章

上海发展创意产业时不我待

第一节　上戏推动上海创意产业发展的几项创新举措

创意产业的发展核心生产力是人才,跨专业、跨领域的人才又是核心中的核心。英国、新西兰等国家在推动创意产业发展的初期,分别在艺术院校建立了创意专业,为国家战略培养文化和经济相结合的创意人才。结合上戏的艺术教育特点,挖掘上戏的内涵基因,上戏有可能在创意产业理论研究、推进上海创意产业发展战略、培养创意人才等方面成为先行者。率先建立创意学院,组织社会力量形成合力来推进上海创意产业的发展成为我们的思考。这是对发展形势的思考,也是上戏发展的思考。

一、成立全国第一所创意学院

在上戏已有的学科基础上,我建议上戏建立创意学,并在全国率先建立首所创意学院,这个建议得到了党政班子的同意,也得到了市教委领导的认可。时任教育部副部长吴启迪同志听到了这个消息后高兴地说:"创意学科的教学问题,我在两年前就向北京的几所大学提出过,想不到上戏率先抢了跑道。"吴部长希望我们去北京进行详尽的汇报。2004 年 5 月，吴启迪部长邀请了教育部高教司、科研司、学位办等相关领导听取了我们对于建立创意学院的必要性、学科设置、教材的汇报。几位司长纷纷表示支持，并提出了具体的指导意见。吴部长最后在讲话中说："贺书记原来在信息化领域工作，是国家信息化的专家。现在到了上戏，他的建议设想是有创新的、是跨行业的，也是符合当前教育改革和发展需要的。我代表教育部对上戏表示感谢，教育部坚决支持上戏作为全国首个创意学院试点学校。"

不久，我国首所创意学院——上戏创意学院签约挂牌仪式在浦东新区张江高科园区隆重举行。时任上海市委常委、宣传部部长王仲伟，上海市委常委、浦东新区区委书记杜家毫，上海市副市长杨晓渡，2010 年世博会执委会专职副主任、浦东新区区长张学兵以及文化部科教司司长王丰、文化部艺术指导中心主任胡克等出席了揭牌仪式。我代表学校与浦东新区签署了相关协议。

创意学院，不仅将成为原创艺术人才的培养基地，也将成为创意研发和国际交流的中心。创意学院顺应创意人才培养需求，对传统专业加以调整充实，开设了媒体创意、公共事业管理（艺术管理—创意与管理）、艺术设计（创意与设计）等 4 个专业，首次招收本科生，培养具有复合型知识结构、创新意识和实践能力较强的创意人才。视觉艺术研究生课程班、文化创意高级管理研修班相继开办，附属创意产业研究院开展创意产业统计评估体系研究，以及原创产品策划、研发、孵化与生产。创意学院计划建设五个系和一所研究院——创意文学系、创意造型系、电子声光设计系、文化艺术经济系、创意战略策划系以及以研发为主要任务的创意产业研究院。完成了上海市重点学科（第二期）的申报工作，

时任全国人大常委会委员、上海市人大常委会副主任、著名经济学家、上戏客座教授厉无畏给首届 MFA 艺术硕士的同学们授课，举行了

《创意产业赢利模式》专题讲座。厉无畏先生是上海创意产业界的理论权威，长期以来一直积极倡导创意产业发展。讲座中，他围绕"创意产业的赢利模式"这一主题，分别从创意产业内涵与产业化路径、创意产业的价值链及其特征、基于价值链分析的赢利模式等三方面进行了论述。

2005年，年轻的上戏创意学院成立后不久，就出版了当时国内首本《创意学概论》，作为创意学院的基本授课教材，由上海人民出版社出版。《创意学概论》的出版标志着创意学这个新兴学科建设迈出了重要的一步。同时，"创意产业系列丛书"《创意产业导论》《创意产业知识产权管理》《全球创意产业的盛会——联合国全球创意产业研讨会》《创意学引论》《创意学案例分析》《创意学理论汇编》等也相继出版。

在以后的几年中，全国的许多高等院校都陆续成立了"创意学院"，为全国的创意产业培养人才。前不久，上戏创意学院的老师带着几个创意学院的在校生来看望我。当我讲起当年上戏创办创意学院的历史，几个学生不约而同地站了起来，深深地向我鞠躬，深情地说："我们第一次听到我们学院诞生的故事，感谢老领导！"这个场面很感人，我想，这可能是上戏的学风在创意学院延伸吧。

2007年4月8日，《创意经济及其中国发展战略研究》开题报告会成功举行。当时，我国各地创意产业正蓬勃兴起，要求制定战略与规划，这正是这个课题研究的意义和价值。教育部社科司副司长袁振国等出席开题报告会，担任开题报告会评审专家的分别是文化部教科司司长韩永进、国家信息中心经济预测部副主任祝宝良、上海交通大学经济与管理学院管理科学与工程系及系统工程研究所教授王浣尘、同济大学管理科学与工程系教授诸大建、上海社会科学院研究员勔大申。

《创意经济及其中国战略发展》是上戏首次申报教育部社科类重大课题。作为课题首席专家，我代表课题组阐述了课题的相关背景、准备过程、研究定位、任务和目标、重点与难点、研究结构、预期成果等，各子课题负责人——东华大学管理学院副院长高长春教授、上海社会科学院信息研究所王兴全博士、上海社会科学院王贻志研究员以及决策参考报告组负责人中共上海市委研究室道良德同志分别阐述了各项目的研究目标及其内容、结构。评审专家分别发表了意见。表示这个课题具有较高的立意和充实的内容、较清晰的结构和较明确的研究方法，研究前景值得期待。

二、积极开展国际交流

1. 英国创意产业交流

英国是世界上第一个政策性推动创意产业发展的国家。应伦敦艺术大学之邀，2007年9月下旬我带团赴英国考察创意产业研究和教育工作。专程拜访了英国前文化部部长、伦敦艺术大学客座教授克里斯·史密斯先生，了解国际上在创意学教育领域的发展以及其在课程设置、教学方法、招生就业等方面的状况，为上戏创意学院的本科教学的开展提供宝贵的参考经验。此外，我们访问了英国国家科学技术和艺术基金会、英国国家文化委员会，在会谈中，我与相关负责人、英国创意界代表人士展开了广泛而深入的讨论，并就政策制定、项目支持、指标体系等感兴趣的问题坦诚地交换了看法。对创意产业达成了许多相近的观点，共同展望了合作前景，一致希望要不断促进英国和上海在创意产业理论研究、实践探索和教育方面的对话与交流，推动进一步合作。约翰·霍金斯先生热情地邀请我去他家里做客。还与伦敦艺术大学创意学院负责人戴比·海耶女士、西蒙·鲁德浩斯教授就创意产业的合作研究等进行了深入的讨论。

2. 意大利全球创意经济发展论坛

意大利政府意识到创意产业在经济中的重要地位，并致力于以推进创意产业发展提高城市竞争力。意大利政府委托安博思集团公司对世界上六个大城市的创意产业进行了调研，其中包括中国的上海。2005年4月，意大利建筑协会的负责人来到上海拜访了我，并邀请我赴罗马参加全球创意经济发展论坛，并作了《创意产业：观察上海的新视角》的主题发言，对上海的创意产业发展状况进行了介绍。经过多年的工作，上海在创意产业领域取得了以下方面的成果：

一是形成了一套理论。上海学术界、教育界、经济界的一批专家学者近年来对创意产业的自身特点、形成规律以及发展趋势进行了富有成效的研究，为上海创意产业的发展提供了重要的理论基础。

二是组建了一个平台。应对上海创意产业发展态势，上海文化、经济、理论、教育等各界人士越来越深刻地认识到，创意产业的各类资源必须抓住机遇尽快整合，为上海创意产业的发展搭建平台、拓展空间。上海市创意产业协会、上海创意产业中心，正是在这种要求下挂牌成立。

三是挂牌了一批园区。在相关部门的主导下，泰康路艺术街、八号桥、天山路时尚产业园等上海首批 18 个创意产业集区挂牌。集聚区内已入驻近 30 个国家和地区的 400 余家创意企业，集聚了一万多名创意人才。创意产业集聚区的数量还在继续增加，一批新集聚区又相继涌现，一个新型的充满无穷潜力的新产业已显雏形。

四是崛起了一批企业。创意热正在上海蓬勃兴起，一些有明确创意理念的企业也随之出现。上海文化企业近年也发展迅速，出现了一批实力强劲的知名文化企业集团。上海在发展创意产业中具有深厚的文化积累和坚实的物质基础，更重要的是这座城市体现出了抓住创意产业发展历史机遇的热情与信心。

这是一次由全球推进创意经济发展的多国城市代表参加的会议，也是与会代表第一次听到关于上海创意产业发展情况。我在结束讲话时最后说："上海发展创意产业的机遇不仅是属于上海企业的，而是属于愿意和上海合作的任何国家和地区企业的，当然，也是属于意大利创意产业企业家的！"讲话引起了全场听众的热烈反响，与会代表对来自上海的声音给予了长时间热烈的掌声。

许多信号表明，上海的创意产业的发展态势及前景预判，正引起国际社会的高度关注。安博思集团公司在会议上发布的评估报告指出，在未来几年，上海有可能与纽约、伦敦、东京并列成为国际创意产业中心。

3. 联合国全球创意产业研讨会

"忽如一夜春风来，千树万树梨花开"，上戏于2005年末迎来了一个高级别的国际会议——联合国全球创意产业研讨会。研讨会由联合国开发计划署南南合作特设局与上海市创意产业协会联合主办，将这个对全球创意产业产生重大影响的会议放在上海召开。

在研讨会上，来自各国的专家听取了我对上海创意产业发展情况的介绍，一致认为，上海创意产业紧紧抓住宝贵的发展机遇，呈现出了蓬勃发展，态势喜人，正从组织落实、规划当先、政府推动、文经合作、园区主打、企业唱戏等方面不断推进，这表明世界看好上海创意产业的发展前景。上海，这座黄浦江畔的都市通过创意产业的发展，一定会为各国创造一个审视自己的新视角，将通过自身的发展，为全球创意产业的推进贡献一份独特的力量。

4. 全球创意产业观察站

全球创意产业观察站是英国伦敦艺术大学发起的国际性学术机构，其他合作伙伴包括：伦敦商学院、伦敦大学亚非学院、伦敦大学国王学院和创意商业中心，致力于成为一个权威的创意产业市场信息、分析和研究的资源库，使这些资源和知识能够在伦敦以及中国（北京、上海和香港）和印度（孟买和新德里）的合作城市中得以转化成创意产业经济。观察站由跨学科的创意产业研究学者组成研究小组，共同致力于学术界和商业的交叉合作研究。在对目标市场进行大量学术研究的基础上，提供合作方所需的信息或报告，开展研究人员交流，通过国际合作创意产业观察站的《创意产业期刊》发表学术成果。2007年初，伦敦艺术大学正式确立上海市创意产业协会作为全球创意产业观察站在上海的合作伙伴，研究工作与上海市社会科学院和上戏进行合作。在创意产业领域发展学术和文化交流，合作范围包括：开展创意产业领域的理论研究，双方共同承认参与合作项目的研究者的成就；进行信息交流和理论研究成果共享，轮流举办创意产业学术研讨会创意产业国际学术论坛，参与学术研讨会或论坛的组织工作，交换与创意产业观察站项目相关的网站链接，在双方相关的网站和出版物方面达成全面合作。

2007 年 11 月 16 日—17 日，全球创意产业观察站国际工作会议在上戏召开，这是该项目启动以来首次召开的国际会议。来自伦敦、北京、上海和香港的代表就全球创意产业观察站的工作意义、创意产业定义框架、创意企业数据库建立、创意产业调查、数据分析的方法等内容进行了充分的讨论。

三、霍金斯，从牵手上戏到走向中国

随着创意产业的崛起，英国学者约翰·霍金斯的名字引起了我们的关注。约翰·霍金斯是当今国际公认的著名创意产业专家，其撰写的《创意经济》等学术著作，在构建创意产业理论方面在国内产生了广泛的影响。在得到有关领导部门的许可和支持后，我请上戏的外事部门找到了霍金斯，表明了请他来上海商谈相关合作事宜的意向。

记得是 2004 年 5 月，联系上霍金斯后我邀请他来到上戏。当时我们并不相识，霍金斯自己也感到奇怪上戏为什么会邀请他。当我向他说明缘由，向他介绍相关的情况，并带他参观了上海一些具有创意意义的园区，尤其是参观了我在信息办工作时期负责组织建设的社会保障卡工程以后，他震惊了。他说："我只是一个学者，但是你们却有那么多的创意实践的成果，上海发展创意产业大有希望。"

2005 年底，联合国全球创意产业研讨会在沪成功举行，形成了联合国推动全球创意产业发展的专家网络。霍金斯参加了此次盛会，他十分认同

会议总结的创意产业发展的"上海模式"，认为"上海模式"体现了上海
创意产业在实践方面的扎实推进以及蕴藏的广阔前景。他深有感触地说，
上海正因对中国经济的巨大带动作用而具备了广阔的创意产业发展空间，
具有广泛的示范效应。

　　霍金斯尤其看重上海对于创意教育、创意人才培养的重视，这是促使
他与上海合作的决心。霍金斯发现其创意思想和理论基础同上海学者主张
的"创意是文化、技术与资本三个要素的共同作用与紧密结合"的观点是
相通的。上海学者提出的创意产业的增值理论、创意产业链的打造与延
伸、创意产业对城市竞争力提升的作用等，都与霍金斯的主要观点构成了
某种默契与对接。霍金斯认为，上海对创意产业的研究与认识，同某些创
意产业起步较早的发达国家几乎同步。这意味着上海已经赢得了较大的话
语权，建立起了与国际的对话平台。相信在这样的基础上，与上海教育
界、理论界开展合作，将有助于进一步推动创意研究和创意学科建设的
发展。

　　霍金斯将目标聚焦在率先开展创意教育探索的上戏创意学院。我建议
以霍金斯的名字命名，由霍金斯与上戏共同建设约翰·霍金斯创意产业研
究中心。依托这一研究中心，霍金斯将每年集中在上戏工作一个月，与上
戏创意学院共同完成课题研究、人才培养、课程建设、参与创意学的教材
编写工作、举办创意经济高级研修班等一系列项目，资金由上戏提供。霍
金斯受到时任市委常委、宣传部部长王仲伟的会见。王部长在与其谈话时
指出，最近我们国家领导人提出要营造创新文化。我们推动创意产业发
展，实际上就是创新文化的营造。上海这个城市非常渴望创意。上海不仅
要依靠制造业，还要靠脑袋，就是靠创意。上海创意产业发展，是历史条
件发展到今天的必然。上海市领导的这些讲话，使霍金斯体会到上海高度
关注创意产业，显现了上海建设国际化大都市的战略信心。

　　2006 年 2 月，霍金斯接受了上戏创意学院的聘书。这位很早就注意到

创意产业的经济学家，在中国寻找到了一个重要的舞台。2006 年 11 月，上戏创意产学研基地——约翰·霍金斯创意产业研究中心揭牌，在揭牌仪式同时还举行了"创意产业系列丛书"签名售书活动。这一机构的建成，标志着上海在吸引国际创意大师并与之开展合作方面又取得了新的进展。霍金斯创意产业研究中心工作室还将每年撰写一份上海创意产业发展白皮书，为上戏创意学院提交一份年度咨询报告，在上海举办一次讲座或论坛。

霍金斯在上海进行了为期一个月的学术之旅。此行的第一站是在浦东张江文化科技创意产业园区开设为期两天的创意经济讲座。讲座得到浦东新区政府的特别支持，由浦东张江文化科技创意园区和上戏创意学院共同主办。霍金斯全面介绍了全球创意经济的发展现状，探讨政府在创意产业中的角色与作用，阐明人才培养在创意产业发展中具有核心和基础地位。霍金斯还在上戏举行为期 5 天的 MFA 创意经济研讨班，为学校艺术硕士学员授课。

由此，霍金斯的名字随着全国创意产业的推进，陆续为各地所知晓。他也为传播创意产业的知识、介绍世界创意产业城市的建设和为各地创意产业发展进行咨询方面做了大量的工作，同时，也成为上海创意产业的"宣传员"。中国逐渐成为他工作的主战场，推动中国创意产业的发展也成为他的主业。许多省市纷纷聘他为创意产业咨询的专家或顾问，民间有的称他为"创意产业之父"。

离开上戏后我很少与他见面，直到几年前的一天，我在参加英国查尔斯王子来上海访问的午餐会上又一次见到了霍金斯，我们加了微信。他给我发的第一条微信是："尊敬的贺寿昌先生，感谢你在十年前第一次邀请我到上海，帮助我在上戏建立了我的创意产业研究中心。从那以后，我便有机会一直在中国和在上海从事创意产业的工作，我从心里铭记着我们的友谊，感谢你的邀请。"

引进霍金斯的事对我个人来说，仅仅是工作需要。但给予我们这样一个启示：上海在争取国际资源时，不仅仅着眼于项目和资金的引进，要更多依靠环境的营造与建设。高级创意人才"更愿意居住在有存在感、充满革新与突破精神的地方"。霍金斯能成功地参与上海创意产业发展，进而活跃在中国创意产业的舞台上直至今日，是得益于国家良好的创意发展环境。在这样一个大前提下，人才引进需要许多有社会责任、懂专业的"伯乐"。

四、筹建上海市创意产业协会

创意产业发展境况及前景得到了上海市委、市政府的高度关注，被认为是贯彻落实上海市"科教兴市"主战略的重大举措。上海市创意协会的构想，是应对上海创意产业迅速发展的态势、凝聚社会力量采取的又一重大措施。在向领导汇报关于上海创意产业发展的建议和思路时，殷一璀副书记指示先从民间做起，可以从筹建创意产业协会做起。

（一）上海市创意产业协会

针对创意产业本身所具有的跨行业、跨部门、相互交错渗透的特点，上海市创意产业协会的筹备工作充分吸纳了全市创意产业具有代表性的研究机构、高等院校、宣传媒体以及优秀企业共同参与。经过反复酝酿，经市有关部门研究，最后确定上戏、上海社会科学院、上海文广集团和上海实业集团作为协会的共同发起筹备单位。上海市创意产业协会是联合型跨部门和跨所有制的非营利社会组织。协会旨在贯彻上海市委"科教兴市"主战略，落实上海市优先发展现代服务业的目标，其主要任务是：通过整合创意资源和集聚创意人才，建立创意产业的交流平台，为政府有关部门提供有关创意产业的政策咨询并推动其贯彻执行；向会员企业提供创意产业的发展情况、以推动和促进上海创意产业的健康发展；通过合作交流、咨询培训、中介服务、资质评定、出版发行等，为会员开拓国内外市场服务；建立创意产业测评体系；促进创意产业知识产权保护、专利申请；维护会员合法权益。上海市创意产业协会由团体会员和个人会员组成。团体会员包括创意产业园区、文化传媒机构、信息软件、生活时尚、广告、出版、城建规划设计等领域内企业、相关高等院校及科研院所等。个人会员为在创意相关领域作出突出贡献，并具备一定社会影响力的业界精英。

2004 年 6 月由上戏正式向上海市民政局、上海市社会团体管理局提出申请，仅用了两个月的时间，就获得了上海市社会团体管理局正式批准。经过历时一年的精心准备，上海市创意产业协会终于圆满完成各项筹备工作。上海市创意产业协会第一次代表大会于 2005 年 8 月 17 日召开，王仲伟、厉无畏、王荣华、李宣海、张止静、薛沛建、穆端正、方国平、乐景彭、张民选、陈克宏、葛志清、陈伟恕、徐乃平等领导等出席并见证了揭牌仪式。时任市政协副主席王荣华为上海市创意产业协会揭牌。市委常委、宣传部部长、上海市创意产业协会名誉会长王仲伟发表重要讲话。上海市政协经济委员会副主任乐景彭作为协会业务主管单位领导，代表胡延照副市长、市经委徐建国主任对协会成立表示祝贺。

与会的会员代表一致表决通过了《上海市创意产业协会章程》以及协会理事会名单，并由协会理事会选举产生了领导机构。著名经济学家厉无畏当选首任会长；我任法人代表和第一副会长；上戏创意学院常务副院长孙福良任常务副会长；其他副会长分别是薛沛建（代表上海文广集团）、陈伟恕（代表上海实业集团）、葛志才（代表上海市经委）、王方华（代表上海交通大学）、张文荣（代表上海亚龙集团）。该协会的成立，标志着上海在市委、市政府的全力倡导下，创意产业的发展进入一个社会联合推进的新阶段。

上海市创意产业协会成立揭牌后，上海各大媒体都作了充分报道。《文汇报》在头版头条报道中指出："从首届中国创意论坛在沪召开，到上戏创意学院揭牌，从首批 18 家创意产业集聚区揭牌，再到上海市创意产业协会揭牌，上海的创意产业领域确实好戏连台。'潮平两岸阔，风正一帆悬'，上海创意产业的发展期待着她不辱使命，乘势而上，凝聚整合。"

（二）中国创意产业发展论坛

2004 年 12 月 21 至 22 日，"中国创意产业发展论坛"在上海国际新闻中心隆重举行，由上海市委宣传部、上海市政协经济委员会、人民日报社华东分社、上海社会科学院、上戏共同主办，上戏创意学院参与承办。时任中央财经领导小组办公室副主任刘鹤出席开幕式并致贺词，中共上海市委宣传部部长王仲伟作重要讲话，全国人大常委会委员、上海市人大常委会副主任、本次论坛主席厉无畏宣布论坛开幕。来自北京、上海、广州、香港、台湾等地的 200 多位专家学者欢聚一堂，共同探讨中国创意产业面临的机遇和挑战，分享各地区发展创意产业的成功经验，探索具有中国特色的创意产业发展之路。

论坛的主议题确定为"创意经济，领航中国城市发展"，分议题包括：国际创意产业发达城市经验解读，中国创意产业发展对策与建议，大力发展创意产业、带动城市产业升级，城区改建与创意产业发展的互动，展望中国创意产业发展机会。我作了题为"探索城市信息化背景下上海创意产业发展之路"的主题发言。表示以知识为核心的信息社会中，创意本身就是一种知识产生与运用的方式，代表了一种新的生产力和社会发展的方向。上戏作为一所在全国享有盛誉的综合性高等艺术院校，大部分专业教学从本质上说已经具备了创意学要素，创意学院是以培养创意产业人才为核心内容，这也是为上海戏剧业发展应尽的绵薄之力。

在为期两天的会议中，王仲伟、厉无畏、阮仪三、王缉慈、徐建国、金元浦、蒋一成、陈昕、陈逸飞等，以"创意经济，领航中国城市发展"为主题，分别从文化、制度、运作等角度探讨我国创意产业发展的方向与方式。时任上海市委副书记殷一璀对论坛的召开表示祝贺。论坛以"用先进文化推动中国创意产业发展"为追求，以"探索中国创意产业发展之路"为主题，旨在为政府相关部门、研究咨询机构、企业界、投资界和各界创意精英构建一个信息沟通、产业分析与市场开拓的交流平台。论坛通过了《上海宣言》。

五、全球创意产业的盛会

（一）上海与联合国南南合作特设局在创意产业领域进行合作

我曾多年担任联合国经济和社会事务部（UNDESA）聘任的"亚太地区信息化论坛"工作项目专家，到上戏工作后，经社事务部钱海燕司长得知上海要推进创意产业，把我推荐给了联合国南南合作特设局的周一平局长。联合国南南合作特设局是联合国大会于1978年设立在联合国开发计划署内的总局性机构，负责推动发展中国家之间及发展中国家与发达国家的合作。

我们初次见面相谈甚欢，周一平局长认为创意产业应当是南南合作局工作的重要抓手。不仅应该南南合作局来抓，而且更应该影响联合国其他的机构形成合力，达成共识，共同推动全球的创意产业。南南合作局的主要职责是南南合作，创意产业多发展在发达国家的发达城市，通过南南合作局创意产业的抓手，也可以在南南合作的基础上促进南北合作。周局长的想法对于扩展上海创意产业在全国的影响和上海创意人才的培养，会有极大的促进作用。我回沪后即向市教委和宣传部门的领导将情况做了汇报，领导同志希望与南南合作局在创意产业合作的基础上进一步探索落实具体的合作项目。

周一平局长也向联合国秘书处作了汇报。面对全球创意产业蓬勃兴起的趋势，联合国秘书长决定委托南南合作局牵头协调教科文组织、贸发组织、劳工组织、知识产权组织等共同推动创意产业，力求通过建立创新性机制进一步实现全球创意产业的发展。

2004年9月，联合国南南合作特设局局长周一平访问上海，对上海创意产业发展状况给予了很高评价。考虑到各方面条件的可能性，周一平局长提出希望在上海召开一次由联合国相关组织以及创意产业专家参加的会议。联合国全球创意产业研讨会在沪召开将进一步为上海创意产业升温，也使上海有机会学习借鉴世界各国发展创意产业的有益经验，共同打造一个充满活力的"创意上海"，上海也将通过自身的发展，为全球创意产业的推进贡献一份独特的力量。联合国南南合作局正式邀请我作为联合国创意专家，于 2005 年 9 月访问南南合作局，讨论和研究联合国的全球创意产业推广策略及行动计划。

（二）赴联合国参加创意产业协调会

9 月下旬，我赴联合国参加创意产业协调会，这是由联合国多个组织首次召开的以创意产业为主题的高级别研讨会。我应邀向与会者介绍了上海创意产业的发展状况。联合国官员及专家们认为："当许多地区还在为创意产业而争论时，上海已开始了系统的理论研究；当许多地区研究创意产业理论时，上海已有了实际的行动步骤。"

为期四天的会议上，与会各联合国组织分别介绍了各自在创意产业领域所作的工作：

（1）联合国教科文组织于 2004 年建立"创意城市网"。该网链接了 5 个在不同文化领域已经建立起来的创意产业城市：苏格兰的爱丁堡、哥伦比亚的波帕扬、美国的圣达菲、埃及的阿斯旺和阿根廷的布宜诺斯艾利斯。联合国开发计划署和联合国教科文组织在瓦加多成立古泛非电影电视培训中心，该中心将承办两年一届的电影节，邀请世界各地的影视工作者，还将建立一个旨在提高创意产业生产率的交流中心。

（2）联合国贸易和发展会议对于创意产业全球情况进行了统计。仅2004 年越南就出口了价值 100 万美元的图画制品，牙买加的音乐制品出口额超过 120 亿美元。由联合国贸易和发展会议发起的"创意产业国际中心"在巴西的巴伊亚落成，将举办虚拟网络特别论坛。通过论坛为艺术家和手工艺家协会，为生产文化产品的团体、博物馆馆长、文化基金会、文化企业、企业最高领导者和政策制定者提供一个加强彼此合作交流的舞台；

（3）国际劳工组织开展的富可视（InFoCus）项目，就"创意产业"这一主题发表了一系列论文，包括"通过增加就业机会和推动小企业发展，繁荣非洲南部发展协调会议的国家文化产业、音乐产业、民族旅游产业、表演艺术与舞蹈、电影与电视产业"。

（4）由国际贸易中心和世界知识产权组织联合汇编，于 2003 年推出实践指导说明——《营销技巧与虚拟艺术：知识产权的作用》，向手工业工人和行会成员企业家、艺术家们提供了营销技巧和知识产权问题的基础知识，以便帮助他们更好地捕捉商机。在印度首都新德里召开印度国际交易会。该交易会的特点是有来自非洲和亚洲的女性消费者和商家参加，鼓励来自非洲和亚洲的本土纺织品和设计品的买卖交易。

（5）联合国开发计划署正式启动遍及印度全国 31 个社区的乡村旅游项目具体规划。项目涵盖了印度历史与文化遗产、印度乡土传统旅游项目。该项目全部由社区推动，为当地乡村旅游，手工艺产品拓宽销售市场。

会议达成以下共识并形成的会议成果报告报联合国秘书处，以下为报告的部分摘录：

一是"创意"创造了社会资源。

"建筑师、雕刻家和画家往往应邀建造寺殿，音乐家为祷告作词谱曲，诗人根据传统的文字记录和流传下来的民间习俗创作赞美诗。王宫贵族们任命大批艺术家负责宫殿的建造，并举行庆典仪式来显示皇室的权威和在国家中的最高地位。早在公元第一个千年以前，旅游爱好者就已经开展了一系列富于挑战性的探险活动，如神秘的尼罗河三角洲狮身人面像、巴比伦空中花园、中国东部泰山顶庙。罗斯福的著作《工程管理》就已经记载了壁画、雕塑、音乐会、剧院工程从大西洋沿岸传播至太平洋沿岸一带，不仅通过雇佣专业艺术工作者，而且要求当地居民赋予这些公开的艺术形式以直观、具体的表现形式。长期以来，和世界各地的广告机构一样，好莱坞和宝莱坞已认识到文化产品出口的重要性——在促进贸易多元化方面文化所能发挥的无穷潜力。在联合国提出'千年发展目标'之后，'创意'才被公认为创造财富的源泉，增加就业的工具和减少贫困的重要因素。"

二是创意资源促进经济发展。

"作为一种经济发展资源，当前对文化的关注是由于创造力广泛存在民众中，甚至是那些最不发达国家、内陆发展中国家和低收入发展中岛屿小国。此外，大部分的艺术品和视觉艺术不需要很高的技术含量和大量的资本投资。在大多数发展中国家中，政府规划部门之所以很少涉足这个领域，是因为许多创意性事物往往产生在非产业部门，很难将它们组织起来或加以量化。而且，创造性的技艺具有'瞬间产生瞬间消失'的特点。这在国家的内部、在国与国之间、在郊区居民向城市流动迁移的过程中体现得更加明显。同样的原因，侨民虽然散居世界各地，但他们会对具有自己国家特色的文化及其产物引以为豪；许多人更愿意将国外学到的专业技术，有时候以现金投资的形式，优先报效给祖国的创意产业项目。"

三是创意经济可形成"消费市场"。

"在后工业化国家和发展中国家，当今的创意产业正显示出其超乎寻常的活力，每年创造出的日益增加的价值丰富了社会现有的知识财富和文化财富。世界旅游组织在年度大会上都会将'文化旅游'作为一项会议议程来进行讨论。2004 年，在巴西圣保罗召开的联合国贸易和发展会议第 11 届大会上，创意产业——从音像制品、电影、电视到时尚品和软件等——占世界 GDP 的 7％，中、低收入国家 GDP 的 4％。据粗略估计，到 2015 年，创意产业将占世界 GDP 的 11％。由于缺少足够的数据，对创意产品的国际贸易往来只能作低于实际数额的粗略估计；对视听类艺术品仍需进行进一步统计分析，希望能更准确地确定其在贸易中的重要性。"

四是创意经济促进区域发展。

　　"在后工业化国家中，英国有110万工人在创意部门工作，该部门每年为英国创造了约8％的GDP产值。在今年早些时候发表的经济与合作组织关于'文化与地方发展'的研究报告中，文化所扮演的三种角色是：一种是文化影响地方居民的行为方式；一种是文化通过吸引访问者和游客促进地方发展，包括纪念性博物馆、永久性展览、临时性艺术节和各类展览；一种是本地区文化增加了某些商品的价值，用之于出口或在本地区以外销售；这些产品分为最终消费品和中间消费品。最终消费品包括时尚用品、家具等。中间消费品包括书画作品、音像制品和工业设计作品。"

　　会议一致同意拟于2005年11月在上戏举行联合国创意产业研讨会，主题一是南南创意产业发展战略；二是创意产业南南合作及推广活动；三是创意人才培训策略及途径。为举办此研讨会，双方共同建立会议秘书处作为会议的筹备机构，秘书处设在上海，负责日常工作及资源的行政计划与管理，为会议成员及国际组织间提供联络服务。

　　上海研讨会宗旨和预期成果是：动员南方国家进一步将创意经济的财富作为资本使用并利用它促进发展，提高对创意产业以及创意经济与发展的相关性的认识；促进关于将创意产业的财富作为资本并利用它促进发展的对话；推动公共机构参加创意经济方面的合作倡议；支持市场机制、知识和网络化这三个互相支撑的倡议，扩大和加深发展中国家机构间在创意产业方面的对话；通过在上海筹建联合国创意产业研究培训中心的倡议，改善和促进创意产品的贸易流通机制；改善创意产品贸易流通方面的知识和它们与发展中经济体（与联合国贸易和发展会议的合作伙伴关系）的相关性；通过在巴西首都萨尔瓦多建立创意产业国际中心，加强在支持伙伴动员以建立基于非洲的南方创意产业的网络。本次会议将邀请来自7个联合国机构的高级官员、10多个国家的创意产业专家，共计30余名国际代表，以及10多名国内专家代表参加，专题讨论和研究全球创意产业发展策略。

举行"创意产业研讨会"的倡议得到众多联合国组织和成员国的支持。这样由联合国系统内的一个组织牵头、多个机构共同发起的研究项目，证明了"创意产业"在为增加就业和消除贫困为宗旨的工作中具有潜在的价值。

（三）加强创意产业的南南合作

在联合国南南合作特设局的牵头下，具体任务如下：

一是承认创意产业众多存在的形式，增加其在国家利益中的潜在比重。特别是在拥有已被边缘化人口的国家或者存在突出的民族问题的国家中，要体现其作为社会资本的价值；激励政策制定者之间相互沟通，规范文化传播政策，包括一系列举措，如对艺术家进行保护知识产权培训，当今文化生产全球化环境中妇女的角色与地位，自然和人类遗产的保护和分类，鼓励乡土文化创造活力的保护政策；培育各成员国文化部部长、规划部部长、劳动部部长、贸易部部长之间的合作；发挥海外侨民对发展创意产业的作用；在地方、地区和跨地区的层面上，在私营企业团体，在负责文化开发、文化营销的专业机构和非政府组织之间促成南南合作和三方伙伴关系。

二是推动、保护投资合作。

"全球南南创意产业论坛"是南南合作组织成员之间头脑风暴系列活动的第一个课题，开展联合北方发达国家拓宽和深化国有企业、私营企业、民间社团之间的合作伙伴关系。其任务是通过以产出为导向的讨论，研究基层扶贫人才的组织培养的方法，消除贫困，实现联合国千年目标。与会者在创意产业研讨会上已达成一致意见：就像联合国教科文组织反复强调的那样，不像矿物燃料会枯竭，创意人才是取之不尽用之不竭的。创意人才事业的繁荣离不开跨文化沟通。当然，需要投入比现有更多的技术与金融资源，需要有利于创造者自己，需要完成以下四大基本任务：

一要制定培训规划。主要指发展中国家自身对本国多元文化和创意资源这笔巨大财富享有的权利。要求潜在投资者提供他们所开发和支持的领域一个正确、详细的状况评估。

二要努力增加宣传。街市上叫卖珠宝的商贩即使拥有绝世珍宝，也无法销售到叫卖声传达不到的地方；由于没有道路通往农村中心城镇，因此无法有效地招揽到预期的客户，对商贩来说需要多方面的支援。首先是提高大众对于偏远地区制造的商品的关注。

三要建立合作模式。在制定规划和动员的同时，生产商代表与客户可以启动满足各方需求的路线图。

四要拓展销售机制。发展演示陈列创意产品的地区性、全球性布局，通过现有的科技交易会的专业化组织，进行商品交易，鼓励基层创意人才脱颖而出。

全球南南创意产业研讨会欢迎在会议筹备期间各成员国提交有希望的成功实例，鼓励与会者在参加研讨会之前或者在讨论会召开期间，开始制定自身发展目标和解决方案，以便在联合国机构之间，在国家、地区、区域层面上那些关注新兴产业部门的机构之间，在致力于文化保护和博物馆发展的国际机构和非政府组织之间，以及在文化培训中心之间，达到优势互补，相得益彰。

（四） 联合国全球创意产业研讨会在上海召开

2005 年 12 月 15 日，联合国全球创意产业研讨会在上戏召开。来自联合国总部、"77 国集团和中国"、开发计划署、南南合作特设局、教科文组织、贸易和发展会议、世界贸易大学等七个组织，以及包括法国、加拿大、巴西、日本等十七个国家和地区的文化、艺术创意产业界代表参加会议。

开幕式上，联合国副秘书长安瓦尔·乔杜里，"77 国集团和中国"主席斯塔福德·尼尔，联合国贸易和发展会议秘书长代表爱德娜·桑托斯，联合国南南合作特设局局长周一平，上海市人大常委会副主任、上海市创意产业协会会长厉无畏先后致辞。在桑托斯女士的主持下，各代表分别作了大会主题演讲，探讨创意产业的崛起对全球产业结构调整和经济增长方式转变所起到的巨大的推动作用，以及上海发展创意产业优势地位的国际影响。

会议介绍了有关国家和地区创意产业发展战略、政策、创意人才培养措施以及优秀案例，充分剖析全球创意产业的发展现状，并就推进创意产业发展目标、制订创意产业前景规划等展开了讨论。与会代表兴致勃勃地参观了"海上海""炫动卡通""八号桥"等创意产业园区，游览了浦江夜景。16 日，封闭式的分组讨论会积极而热烈，在上戏多媒体演艺虚拟空间合成实验室，举行了此次研讨会的闭幕式和成果展示会，圆满完成了预定议程，并通过了推动创意产业发展的相关文件。联合国高官和各国来宾普遍认为上戏的综合实力为创意教育、创意研究的开展提供了坚实的基础。这些举措将对学校的新兴学科——创意学的发展以及提高学校的品牌实力和国际影响力起到显著的推进作用。多家媒体也参与并跟踪报道了此次研讨会的全过程，并对会议的成功召开给予了高度评价。

联合国南南合作特设局局长周一平表示：上海创意产业快速推进的势头已引起包括联合国在内的国际社会的瞩目，会议将通过发达国家和发展中国家之间的交流，寻找创意产业健康持续发展的有效途径。

联合国副秘书长乔杜里表示：创意产业正显示出超乎寻常的活力，每年创造出日益增加的价值，丰富了社会现有的知识和文化财富；不夸张地说，创意产业正在全球掀起一场新的产业革命。上海创意产业占 GDP 的比重已经超过 6%，发展中国家平均水平是创意产业占 GDP 的 4%。毫无疑问，上海已成为发展中国家创意产业的领跑者。我已经是第三次来上海，上海市领导对创意产业的重视、创意人才的培养、创意理论的探索及创意产业集聚区这种独特的形式，给我留下很深的印象。上海的发展经验为发展中国家转变发展模式提供了有益借鉴，希望通过上海研讨会将创意产业对话扩展到发展中国家的公共机构和社会事业机构，为实现联合国千年目标产生积极影响。

市委副书记殷一璀会见来沪参加联合国全球创意产业研讨会的部分代表，并指出，联合国希望上海成为全球创意产业的中心，这件事给我们很大的启发，要求我们发展创意产业不仅站在城市和国家角度考虑，而且要具有世界的眼光，从世界的角度来考虑。

第二节　推动"创意城市"建设的上海行动

一、市政协主席团《关于加快上海"创意城市"建设的若干建议》提案

上海创意产业的火苗在各个行业点燃，联合国首次创意产业研讨会在上海召开，也引起了市政协领导的高度重视。面对上海举办 2010 年世博会，市政协主席团经会议讨论，认为有必要向市委提出抓住机遇，把上海打造成为创意城市的课题建议，并列为市政协主席团的重要提案。首先建立课题组，决定由时任市政协副主席周汉民为组长，由市政协科教文委员会牵头，市政协相关的政协委员和相关机构的专家参加，组织调动精兵强将来完成这个课题。经过近一年的调研和讨论，课题组完成了建议稿。2008 年 10 月 27 日经市政协主席团会议审议通过，正式成为政协上海市委员会建议案。建议案上报市委、市政府的领导，同时抄送给市政府和市委的相关委办、两个办公厅、各区县人民政府和市政府各委办。

这个建议案共 74 页。正文部分阐述了上海创意产业的发展现状、优势和瓶颈，上海发展创意产业，有利因素是国家有关部门和市政府的主导作用，上海实施"科教兴市"的主战略具有形成创意产业所需要的各类行业

资源；有利基础是上海积聚了高等院校、科研单位、文化创作单位的人才资源，为产业发展奠定了人才基础；上海及周边城市发展对创意产业具有巨大需求，孕育了市场基础，已建具备了有线、无线宽带网络覆盖、硬件制造、软件研发等较为系统的技术基础。

建议案提出了若干建议：一是要实施创意城市的发展战略；二是要提升上海创意城市的层次水平；三是要发展创业城市项目，试点创意城市建设实践的示范区，通过园区内外联动、浦江两岸连接形成新的文化发展格局。建议案还附了两个附件：一是创意城市建设的未来发展方向的调研报告；二是通过对于国内外借鉴比较，结合上海的实际情况第一次提出了创意城市评价指数的研究报告。

我作为市政协委员十分荣幸地担任了课题的主要执笔，参加了调研和编写。上戏创意学院、上海市创意产业协会的骨干力量也都有幸参加了课题组方方面面的调研和撰写工作。像上戏在城市的各个历史阶段都能为社会发展作出贡献一样，在上海面临改革开放的新阶段，我们也有幸为社会作出了自己应尽的努力。

二、《关于加快上海"创意城市"建设的若干建议》对建设创意城市的若干预判

以下是建议案的内容概要，分为三个方面进行论述：

（一）上海经济发展中存在的问题

当代国际竞争归根结底是科技实力和创新能力的竞争。科技创新能力，特别是自主创新能力成为国家和城市竞争力的决定性因素。上海作为全国经济中心城市，未来经济运行的外部环境将会更加错综复杂、快速多变，而且发展过程中的不确定因素较多这一问题将长期存在。比如，国际重要能源原材料价格的变化、美元利率汇率变动、外贸出口环境的变化、国内宏观调控政策滞后效应等，这些因素的变化对上海的钢铁、石化等基

础产业以及汽车、成套设备、金融、房地产等支柱产业的发展有着直接影响。上海经济运行面对的外部压力，迫使我们必须重新思考什么是上海经济长期发展的新动力。

改革开放以来，上海城市经济正在发生五个深刻变化：经济体制从传统的计划经济模式转向社会主义市场经济体制；城市性质和功能从工商业城市转向经济中心城市；城市建设从历史欠账转向建设枢纽型、功能性、网络化基础设施体系；经济运行模式从半封闭转向对内对外全方位开放；社会事业发展从量的增长转向质的提高。

从经济运行态势来看，上海的发展越来越受到资源、体制、政策三大因素制约。上海十多年来经济的快速增长，在一定程度上是靠投资靠资源拉动的。这种增长路径在发展初始阶段不可避免，却越来越难以支撑上海未来的发展。上海经济发展到目前这个阶段，解决经济增长方式问题刻不容缓。

综合分析，上海城市经济发展中存在以下具体问题：

1. 重"经济增长"轻"经济发展"

上海的 GDP 多年持续保持两位数增长，但许多城市居民并未同等地分享到城市经济增长的成果。就业机会及居民收入水平的增长幅度远远落后于 GDP 的增长速度。这一现象反映上海城市经济存在重"经济增长"轻"经济发展"的问题。

"经济增长"是经济发展的基础，上海城市经济发展初期重"经济增长"有其必然性，但长此以往，会伴随产业结构的不合理出现"增长悖论"等矛盾。这就表明，"经济发展"不仅要体现出经济增长速度的加快和总产出数量的增加，还要体现出质量的提高和经济结构的优化。当代经济发展尤其强调经济、社会、生态的协调发展以及产业的调整与升级。上海城市经济在前一轮的经济增长中积累了坚实的物质基础，在下一轮发展中，上海经济的增长更要发挥城市比较优势，提高城市的综合竞争力，走

"经济发展"之路。

2. 产业结构有待优化

现代经济发展的本质要求是使产业结构不断地得到优化。产业结构是否得到优化在很大程度上决定了社会资源配置的效果。并且，它将最终影响经济的可持续发展程度。

上海的产业结构调整从长远来看，上海第三产业的比重还会进一步提高，服务业将逐步占据经济主导地位。这是国际化大都市产业演进的必然规律，是上海建设"四个中心"的需要，是提升整个上海国际竞争力方向所在。同时，这也是增强城市综合服务功能以及更好地服务全国的必然要求。产业结构的调整和优化（实现传统产业向现代产业的跨越）从根本上来说，要由市场机制来完成，政府只是起引导作用。上海的产业结构如何在政府的引导下，建立科学的市场机制，实现结构优化，是解决经济增长方式问题的关键所在。

3. 资源约束瓶颈有待突破

上海是中国最大的经济中心城市，但随着经济的快速发展，地域范围狭小、自然资源匮乏的局限性日益凸显。上海正处于一个高速发展的时期，而且在今后相当长的一段时间内，经济社会发展对外部资源的依赖性还是很大的。在此情况下，上海的资源环境条件能否长期支撑目前的这种增长速度，经济发展能否与社会生态环境协调发展，真正做到降低能耗，改善环境，用有限的资源创造出无限的经济活力，这既是一个现实问题，也是上海经济发展必须面对的一个长远问题。

4. 政府主导模式有待转变

上海的经济增长模式主要依靠城市建设和外资投入，政府主导、政策扶持成为上海经济的一大特色。从国际经验来看，政府主导模式在城市经济发展早期有其先发优势，但从长远看有较大的局限性。首先，政府在产业选择和产业定位上不一定准确；其次，政府主导项目的资本回报和资金效率往往都不高；再者，得到扶持的企业往往受政策保护依赖性较强，一旦离开本土市场或政府开放竞争环境，企业竞争能力便呈现弱化趋势。

因此，上海要寻找经济发展新动力应对国际竞争，要转变经济增长方式保持内部持续发展，特别要转变政府主导模式。

创意产业的特性决定了它能将所有产业的优势和创意价值发挥出来，形成经济整体的集群优势，综合提升上海的经济竞争力。

（二） 创意产业对于上海经济发展的作用

1. 优化产业结构

创意产业的知识密集型、高附加值、高整合性，以及能够将技术、产业、创造和文化融为一体的特性，对于提升上海产业发展水平，优化产业结构具有不可低估的作用。创意产业对上海提升先进制造业和现代生产性服务业的基准，同样具有重要意义，有利于推动上海制造业向高增值产业升级。

2. 突破资源瓶颈

创意产业不同于传统制造业对土地、资源有巨大需求。通过发展创意将加快发展低耗能、低排放的第三产业和高技术产业，用高新技术和先进适用技术改造传统产业，淘汰落后工艺、技术和设备，构筑上海循环经济的产业链。

3. 走出"增长悖论"

创意产业是高附加值、高增长率、高就业率的行业。从国外创意产业的发展经验来看，创意产业的产值和就业人数的增长率均高于同期 GDP 和总就业人数的增长率。上海经济发展走出"增长悖论"，选择发展创意产业不失为明智之举。

4. 转变政府主导模式

经济领域里的每一个部门都需要创意和创新能力。通过大力发展创意产业，发挥创意产业的价值系统，通过核心支柱产业的带动，将所有产业的优势和创意价值发挥出来，形成上海经济整体的集群优势，从根本上释放上海经济活力，转变政府主导经济的发展模式，使上海城市经济真正走上可持续发展的道路。

因此，在当前形势下，创意产业作为上海城市经济发展的新动力，是上海经济发展的客观要求，也是提升上海城市竞争力的必然选择。

（三）上海发展创意产业的主要优势

改革开放以来，上海经济社会的发展已跃上了一个新台阶。这既是一个新阶段，又是一个新挑战。对照创建创意城市的要素，应当说上海发展创意产业具有相当的条件与优势。随着科技与文化的融合，具有自主知识产权的创意越来越成为推动文化产业发展的核心动力，各种以创意为特征的新文化业态不断涌现。要立足上海科技和人才的优势，依托创意产业，实现上海文化产业的跨越式发展，使上海成为全国文化产业发展的重镇。

上海发展创意产业的条件与优势主要体现在：

有基础。改革开放以来，在上海市委、市政府领导下，上海在经济发展、城市建设、生活质量、消费水平等方面都具备了发展创意产业的基础。

有积淀。上海在历史演变中具有深厚的城市文化底蕴与积淀。

有机遇。从城市内部讲，上海面临产业结构调整的艰巨任务，成为上海发展创意产业的内驱力。从国际环境讲，如果说我们与发达国家在工业化上起步相差 200 年，在信息化上起步相差 50 年，那么在发展创意产业方面，则只相差 8 年，短短数年的差距，决定了上海可以抓住机遇，实现跨越式发展。

此外，上海还具有两点突出的优势。首先，作为中国现代的移民地区和开放城市，上海融汇了国内多种地域文化，同时又是东西方文化交流密切的地域之一，并聚集了大量不同类型的人才，高等院校和科研院所密集，研发潜力巨大，具有发展创意产业的丰富智力贮备。其次，经过多年的持续推进，上海已基本具备与经济发展实际相适应的信息基础设施，拥有超过全国40%的国际通信容量，全球主流商用通信技术都已在上海得到了积极应用。信息技术带动了全社会管理与运行效率的显著提高，从整体上看，上海城市信息化的主要功能性指标已接近或达到发达国家中心城市平均水平，为大力发展以高新技术为依托的创意产业奠定了必要的物质技术基础。

上海的信息化建设已达到一定的规模与水平。其"数字终端"（包括手机、计算机、PDA、多媒体播放器等）的制造技术和研发能力达到了世界水平，任何媒体都能找到播放的终端。"网络承载"，从有线到无线，从模拟到数字，从微波到卫星再到最新的3G都有应用。"路基"扎实了，"路面"宽了，足以承载更多的信息和容量。管理网络的软件和相关应用软件，也随着上海大力扶植软件企业有序快速地发展，这些软件不仅满足国内需要，许多还出口到国外。基于以上三个层次的发展，信息的表现方法也日益增多，大多是基于"数字内容"的，包括数字电视、网络游戏、网络教学、网络图书馆等。

面对上海信息化建设的成就，我们必须直面这样一个问题：终端有了，网络有了，管理软件有了，表现方式有了，内容在哪里呢？以数字电视来说，在有线电视数字改造前，网络只能承载几十个频道，现在已有几百个频道的传输容量，这就给了我们一个发展内容产业、创意产业的庞大空间。2003年上海文广的收入是23亿，拥有12个电视频道和11个广播频道，而数字电视的频道资源是其10倍以上，仅数字电视一个项目其收入应该在100亿以上，况且数字内容还有其他很多方面。因此，我们当前完全应该将重点由技术研发转向内容的创意，大力发展原创内容，占领我们自己的平台。

如果说上海的引领性标志，在20世纪30年代是西装、旗袍、石库门，60—70年代是绿军装新工房，并以此而留下了深刻的时代与历史印记，那么进入 21 世纪，物质技术基础高度完善的上海，又将如何占领这片新的文化、生活时尚空间呢？这是上海面临的一个相当现实的挑战。试想，如果仅有硬件的支撑，而缺少我们自己的原创内容建设，那么这片文化、生活、时尚空间就会留下巨大的空白，或者全部成为舶来品的天下，使多年来卓有成效的硬件基础建设陷入"为他人作嫁衣"的尴尬境地。当我们的孩子吃的是麦当劳、肯德基等美式快餐，看的是韩剧，玩的是日本电子游戏时，我们不得不思考，究竟应当为他们提供什么样的有中华民族特色的原创内容，才能在下一代人中"树魂立根"，不至于丢失民族文化与民族精神的根与魂。这一问题也只有通过创意产业的发展来解决，而原创内容的崛起已不仅体现为可观的经济效益，更表现为深远的社会效益。

三、上海市文化创意产业推进领导小组成立

2010 年 9 月，上海决定正式定名为"文化创意产业"。中共上海市委办公厅发文成立上海市文化创意产业推进领导小组，由市委分管副书记殷一璀为组长、市委常委、市委宣传部部长杨振武，市委常委、市政府常务副市长屠光照为副组长，以市委宣传部、市经委为主的 26 个相关委办局作为领导小组的成员单位，下设办公室，负责统筹组织协调上海文化创意产业的推进工作，着力发挥文化和经济信息化与相关领域行业的融合发展的作用。领导小组办公室组长分别由两位分管文化和产业的市政府副秘书长肖贵玉和宗明同志担任，这样的机构设置，在全国还是首次，足以体现市委领导对于推进上海文化创意产业的决心。时任宣传部副部长张止静同志和我担任了首任办公室的专职副主任，各区也先后成立了领导小组和办公室，发表了《上海市文化创意产业发展"十二五"规划》，至此上海的文化创意产业拉开了新的一幕。

上海推进文化创意产业机制的初步形成，标志着上海文化创意产业的可喜发展和广阔前景。落实和执行《上海市文化创意产业发展"十二五"

规划》，推进领导小组办公室着重注意以下问题。

一是站在实施"科教兴市"主战略的高度认识发展这个新兴产业的战略意义。

文化创意产业是文化、科技与资本的紧密结合，建立于人的创造力基础之上。因此，发展文化创意产业，不是上海的权宜之计和一时之选，而是与"科教兴市"主战略相一致，深刻地契合了上海的内在功能与城市品格。只有站在实施"科教兴市"主战略的时代高度上，我们才能充分认识到文化创意产业对城市发展与更新的重大意义。

二是建立统筹机制，形成合力共同推进。

文化创意产业的崛起打破并超越了我们原有传统意义上的行业与部门划分，体现了文化与经济以及产业之间的高端部分互相交叉渗透的特点。在这一情势下，迫切需要全市文化与经济主管部门形成合力，建立统筹协调机制，带动上海文化创意产业整体水平的提升以及布局的进一步合理。

三是注重建立和发展与文化创意产业相适应的政府运作模式，营造宽松环境。

文化创意产业的发展，必须建立在相对宽松的环境以及适当的政府运作模式之上。政府对于文化创意产业既要"管住"又要"放开"，使硬的更硬，软的更软。"管住"，应着眼于文化创意产业的全局，管"天下"而不是只管"脚下"；"放开"则是以更开放的姿态调动区县以及基层的积极性，鼓励、引导社会力量和民间资本参与到文化创意产业的发展中。

四是正确处理经济效益与社会效益的关系。

文化创意产业是应用文化的力量对产业链进行延伸，从而产生财富效应，其经济效益不言而喻，文化创意产业正是创造财富的一种新兴模式。然而，正因为文化创意产业具有以文化为核心的特殊性，因而在发展上海文化创意产业的过程中，要正确处理经济效益与社会效益的关系，防止因为企业家的极端商业目的，创意者的极端个性化倾向以及消费者的炫耀性心理而导致文化创意产业偏离健康发展轨道。

经过历年的发展，上海文化创意产业的"版本"不断升级，文化创意产业类企业不断增加，增加值持续保持在两位数以上，人们切切实实地感受到因为创意和文化创意产业的存在使自己的生活越来越美好。上海文化大都市和上海设计之都、时尚之都的建设，因为有创意和文化创意产业的推动，"软实力"得到日益的增强，其"赋能"作用也为各界所认知，成果明显显现。

四、文化创意产业的燎原之势

文化创意产业，崛起与发展正逢其时，上海机遇难得。2010 年，上海举办世界博览会，实际上就是检验文化创意产业的大舞台，世博会为上海文化创意产业的发展积累了丰富的经验，留下了宝贵的遗产。

上海对文化创意产业的关注，已不仅仅是寻求一种新的经济增长方式，更是整个城市在谋求新一轮发展中，培育时代的富有活力、海纳百川的创新城市精神和城市文化。

今天上海文化创意产业已成燎原之势，不仅走在全国的前面，而且站在了世界的潮头。文化创意产业成为上海新经济的支柱产业。人们谈及创意和文化创意产业，已经是作为时尚之词了，创意已经渗透到我们生活和工作的方方面面。一个作品、一件产品，一旦感觉视觉和心理产生疲劳，人们第一个反应就是"没有创意"。产业的高端引领、企业的模型再造、产品的功能再造，人们都在追求"人无我有、人有我新、人新我特"的创新思维。文化创意已经改变了这座城市的建设风貌和一代人的生活消费习惯。回想在二十年前的城市处于发展期转型期的阶段，探索文化创意产业并不是一件容易的事。庆幸的是我们这座国际大都市的领导者、建设者，率先领悟和关注到这一新生事物。一所所创意学校应运而生，一家家文化创意园区挂牌建立，一批批文化创意人才勇立潮头，一家家文化创意企业成为文化创意产业的骨干，一种种模式创新层出不穷，文化创意产业已成燎原大势。

世界普遍对上海文化创意产业的发展充满期待，成为当前国际交流与合作的一项新热点。上海在参与高层次、高质量文化创意产业国际合作方面具有得天独厚的优势，成为进一步提升上海国际地位的新支点，而上海也完全可以通过若干影响重大的国际合作项目争得先机，确立在国内外创意产业领域中的引领地位。

时代的使命在呼唤新的发展，今天，上海"设计之都""时尚之都""亚洲演艺中心"……一个个新的建设目标相继提出，一个充满活力、流光溢彩的"魔都"已经呈现在世人目前，文化创意产业永远在路上。

附　录

　　我从小喜欢绘画，在井冈山插队期间，放工回来，一有空就会拿起画笔挑灯耕耘，一有机会回上海即拜师学艺，逐渐成为江西省业余美术创作的骨干，作品经常参加地省市美展，发表于报纸和美术刊物上。进上戏以后，我接受到了更为专业的系统教育，直至毕业后到专业艺术团体从事舞美设计工作，在专业领域居然"小有名气"。时代把我推上了改革开放的风口浪尖，之后又被组织上选中送去国外学习，不知不觉中我在各种不同的岗位上一干就是三十多年，待我重新拿起画笔，重操"旧业"，已是六十多岁的"老朽"。本书的附录选登了我近年来创作的几组油画作品，供读者欣赏及批评指正。

　　我在原市文化局工作的五年，与上海的众多著名音乐家有过广泛且深入的接触，与他们共同参与了那个时期的上海音乐事业的建设与实践，结下了深厚的友谊。这些老艺术家有的已离我们而去，健在的也大都在七八十岁以上了。为了使人们不忘记他们，我花了二年半的时间，画了80幅涉及上海音乐作曲家、指挥家、演奏家和歌唱家的人物肖像，取名"时代旋律"——上海音乐人物肖像油画，展出二年来取得了良好的社会反响。附录中选用了其中八幅。

　　和许多画家一样，我用画笔记录了上海的变迁和发展，抒发对生我养我的母亲城市的情感。我把这些年的主题创作组画命名为"璀璨城市"，也选了部分作品放入附录中。

　　不断地学习新知识、结识青年人，可能是我的人生个性和惯性。"九○后""○○后"年轻一代已逐渐成为社会的主力和城市活力的象征，了解他们，和他们结识结友，他们也就成为我进行视觉表达的一部分。故而我创作了组画"走近九○后"，选了几幅作品，希望读者能了解当今青年一代在作为老年人的我心中的形象。

一、"时代旋律"——上海音乐人物肖像（油画）作品选登

著名作曲家、音乐理论家、音乐教育家、音乐活动家　贺绿汀
（1903—1999 年）

创作于 2022 年

著名作曲家　陆在易（1943—　　）

创作于 2022 年

著名作曲家、音乐教育家　丁善德（1911—1995 年）

创作于 2022 年

著名作曲家　朱践耳（1922—2017 年）

创作于 2022 年

著名作曲家 吕其明（1930— ）

创作于 2022 年

著名作曲家 金复载（1942— ）

创作于 2022 年

著名指挥家、作曲家、小号、圆号演奏家　黄贻钧（1915—1995 年）

创作于 2022 年

著名指挥家　曹鹏（1925—　 ）

创作于 2022 年

二、璀璨城市组画（油画）作品选登

外滩十二号（原汇丰银行旧址），浦发银行收藏

创作于 2018 年

日照金山，上海交通大学附属瑞金医院收藏

创作于 2024 年

嘉定孔庙，私人收藏

创作于 2017 年

璀璨城市

创作于 2017 年

畅想进博会，受第一届进博会筹备组邀请创作

创作于 2018 年

三、走近九○后组画（水粉画）作品选登

走近九○后组画（之三）

创作于 2019 年

走近九〇后组画（之五）

创作于 2019 年

走近九〇后组画（之八）

创作于 2020 年

走近九〇后组画（之十）

创作于 2021 年

后 记

　　1968 年我在井冈山下新干县的一个山村插队,农闲之余坚持绘画创作,逐步成为井冈山专区(现在的吉安专区)的美术创作骨干,其间不断地受到时任江西省美协专职副主席王培荣老师的关心和栽培。王老师是中央戏剧学院的高才生,李可染大师门下的得意弟子。1974 年上戏组织招生小组,胡妙胜老师(曾任上戏院长)带队到江西招生,王培荣老师就把我推荐给招生组。当时我正在井冈山上参加专区美协组织的创作活动,在井冈山上进行美术创作。招生组看了我的创作作品以后说,这次有 500 人参加全国五个艺术院校同时举行的招生面试,你已经进入创作阶段了,我们了解了你的创作水平,经招生组的讨论,你就不要参加面试了。不久我拿到了上戏舞美系的录取通知书。

　　进入上戏,第一个见面的就是胡妙胜老师,还有周本义老师。胡妙胜老师语重心长地对我说:"贺寿昌,我们现在招的是工农兵学员,因为家庭出身的关系,你是否能进入上戏,学校的领导成员是有不同意见的,最后你的进入是我们不断争取的结果。我们给你这个学生打了包票,说这是一个好苗子,你以后一定要争气。"同时在场的有温文尔雅的丁加生老师,后来他成为我的班主任。三年多时间的师生生涯朝夕相伴,他手把手地带领我们。以上几位老师都是我人生成长的恩师,我从担任市文化局领导一直到上戏当党委书记,三十多年间,这些老师从未开口向我提出过一件麻烦事要我帮助，反映出老一代知识分子德高望重的品格。可惜的是这几位老师几年来相继仙逝。王培荣老师后调至上海刘海粟美术馆任副馆长，除了我去看望过他一次以外，他甚至没有到市文化局机关来找过我，始终保持着君子之交淡如水的忘年之交。我在校工作时，学生时期的政治辅导员许培星老师看到我总是点点头，微笑无语。后来师母告诉我，在他的裤子后袋里总是珍藏着我们俩当时的合影相片，用线紧紧缝住袋口。上戏小班化教育的传统使学校为全班 20 个同学配备了 16 位老师，我的绘画老师还有杨祖述、蒋有作、费春勤、刘文斗，还有创建上戏舞美系老一辈的孙皓然、吴光耀老师……这些老师的品德代表着各行各业百千位上戏教师的人格风范，没有过多要求学生自律的说教，有的却是为人师表的默默无闻，以自我的示范师表影响学生，培养学生。这就是上戏教师锤炼出的上戏校园文化，影响着我们走好人生的每一步。我对上戏永远高山仰止，树上戏的老师为自己做人行事的标杆。

　　写这本书，通过事件的描述，重要的是映衬参与故事的人们，千万个直接或间接的参与者，或默默无闻，或主动担当，都为上戏和城市的发展尽了自己力所能及的力量。不管人们说"人生路途漫漫"也好，"瞬间消失短暂"也好，他们曾经的付出都是可贵的。他们中的许多已不在世了，大部分皆迈入老年，这些故事更值得书写和记录。就如当初上戏实验剧院大修项目，按照一个常规的校内教学辅助性的演出设施规定，大修费最多只能批 460 万元。在市教委李宣海书记、张伟江主任与市发展和改革委、市委宣传部事业处同志们的共同努力下，借用剧院大修的机会，结合"文教结合工程"，在保留教学需求的前提下，把"上戏实验剧院"重新定位为面向社会演出服务的正规剧院，完全按照一流的能承接国内外大型演出的标准进行"大修"，并在文化局演出处指导下成立演艺中心，承接大型节庆、赛事演出，市政府拿出了 2 600 万元，舞美技术设施也达到了一流。"上戏剧院"直到现在仍然是上海重要的标志性的演出场所。在原市科教党委和市教委的支持下，那些年里，教学条件得到改善。华山路校区的图书馆和红楼得以装修一新，第一次添置了空调设备；莲花路校区建成花园式的校园；虹桥路校区和学生公寓也焕然一新，上戏的办学条件发生了巨大的变化。写事是为写人，写许许多多和我、和我们一起走过的人。斟酌再三，我把书名定为"我们曾经一起走过"。

春华秋实，今天位于华山路美丽园、西郊上海舞蹈中心、莲花路和昌林路校区的上戏校园依然繁花似锦，每年从这里走出的莘莘学子，成为上海乃至全国文化艺术的骨干和脊梁。校区内矗立着熊佛西、俞振飞、李慕林的塑像，告诫着上戏人不忘前师、不负未来。我为曾求学和工作于此而深感荣幸，校歌代代传唱，上戏的精神也一直在激励着我们开拓创新、奋勇前行："接受先辈的遗产，学习国际的优良，倾听大地的呼声，投身社会的课堂。人生的戏剧，戏剧的人生，人类的精神在这里闪光，闪光！明珠在这里闪光，闪光！"

二〇二四年元月一日

注：结尾引号中引用的是田汉先生于 1947 年为上戏的前身上海市立实验戏剧学校所写的校歌歌词中的结尾部分。